W0175668

Mosaik bei
GOLDMANN

Buch

Warum bin ich so anders als meine große Schwester? Hätte ich je so
werden können wie mein jüngerer Bruder?
Vierzehn Millionen große und kleine Menschen haben in unseren Breiten Geschwister. Die Freude an Bruder oder Schwester scheint zu über-
wiegen, denn Forschungsbefunde sagen, die meisten Menschen seien
froh, Geschwister zu haben. Nur sechs Prozent wären lieber allein. Dass
Geschwister bei der Entwicklung der Persönlichkeit eine entscheidende
Rolle spielen, hat vor Jahrzehnten bereits der Arzt und Psychologe Alfred Adler erkannt und beschrieben. Und damit nicht genug: Die Wissenschaft hat festgestellt, dass sich Geschwister in vielen Lebensbereichen
wechselseitig beeinflussen, etwa bei der Berufs- oder Partnerwahl.
Dieses Buch hilft, basierend auf Erkenntnissen der Geschwisterforschung, bei der Spurensuche.

Autorinnen

Dr. Brigitte Beil arbeitet als Journalistin und Autorin mit den Themen-
schwerpunkten Familie und Erziehung.
Die Journalistin, Cornelia Nitsch, ist Autorin mit dem Themenschwer-
punkt Erziehung und Kinderbeschäftigung.

Von Cornelia Nitsch und Brigitte Beil
außerdem bei Mosaik bei Goldmann
Dr. Mama! (16551)
Kindern Grenzen setzen – wann und wie?
Mit Cornelia v. Schelling (16585)
Jungen sind einfach anders (16425)
Lirum, larum, Fingerspiel (16679)
Pubertät? Kein Grund zur Panik!
Mit Brigitte Beil u. Cornelia v. Schelling (16559)

Cornelia Nitsch
Brigitte Beil

Beide Hände
reich ich dir

Geschwister – glücklich, wer sie hat

Mosaik bei
GOLDMANN

FSC

Mix
Produktgruppe aus vorbildlich
bewirtschafteten Wäldern und
anderen kontrollierten Herkünften

Zert.-Nr. SGS-COC-1940
www.fsc.org
© 1996 Forest Stewardship Council

Verlagsgruppe Random House FSC-DEU-0100
Das für dieses Buch verwendete FSC-zertifizierte Papier *Munken Print*
liefert Arctic Paper Munkedals AB, Schweden.

1. Auflage
Originalausgabe November 2007
© 2007 Wilhelm Goldmann Verlag, München,
in der Verlagsgruppe Random House GmbH
Umschlaggestaltung: Design Team München
Umschlagmotiv: Getty Images/Salmieri
Redaktion: Dagmar Rosenberger
Satz: Buch-Werkstatt GmbH, Bad Aibling
Druck und Bindung: GGP Media GmbH, Pößneck
WR · Herstellung: Han
Printed in Germany
ISBN 978-3-442-16886-6

www.mosaik-goldmann.de

Inhalt

Vorwort:
Geschwister haben
immer Konjunktur!

Wieso ein Geschwisterbuch für Erwachsene? Sind die Weichen nicht längst gestellt und die Wege zueinander festgetreten, wenn man 30, 40 oder sogar 60 Jahre alt ist? Wozu noch groß darüber nachdenken?

Nach Meinung der Geschwisterforschung kann sich die Beziehung zwischen Brüdern und Schwestern jederzeit ändern, bis ins hohe Alter, selbst wenn sich im Lauf der Zeit vielleicht eine Menge Spannungen und Streitpunkte angesammelt haben. Man muss nur wollen – und wissen, dass ein gutes Verhältnis unter Geschwistern sich gerade im fortgeschrittenen Alter äußerst positiv auswirkt auf Gesundheit und Wohlbefinden der Beteiligten.

Geschwister zu haben erscheint Leuten mit Brüdern und Schwestern oft so selbstverständlich wie die Luft zum Atmen. Kaum einer fragt sich, was sie für das eigene Leben bedeuten und was wäre, wenn es sie nicht gäbe. Trotzdem – wo immer das Gespräch auf dieses Thema kommt, fällt jedem sofort etwas dazu ein: eigene oder entliehene Erfahrungen, Geschichten, Erinnerungen, Witziges, Ärgerliches, Schmerzhaftes oder Liebevolles. Selbst wenn einer sich entschieden von ihnen distanziert und sie sogar zur Hölle wünscht – seine Geschwister bleiben sie dennoch.

Offenbar wird man seine Geschwister nicht los. Und wenn das so ist, warum dann nicht das Beste daraus machen?

Dieses Buch gibt kurze und griffige Anregungen dazu, wie man seinen Stand unter den Geschwistern auslotet; wie man zum Freund oder zur Freundin seiner Brüder und Schwestern werden kann; wie man Wege zur Versöhnung findet. Und amüsiert stellt man fest, dass es anderen genauso geht mit ihren schweigsamen Brüdern und ihren rechthaberischen Schwestern.

1 Wie kommt man zu Geschwistern?

Die Geschichten unserer Familie sind magische Spiegel. Betrachten wir die Menschen, die zu uns gehören, sehen wir die Vergangenheit, Gegenwart und Zukunft.

Gail Lumet Buckley

Laut Duden-Definition sind Geschwister »(männliche wie weibliche) Kinder derselben Eltern«. Für Mitteleuropäer eine ganz normale Sache. Kaum jemandem in unserem Kulturkreis ist bewusst, dass er mit dieser Vorstellung weltweit gesehen zu einer Minderheit gehört, einer verschwindend kleinen sogar. Denn der Großteil der Menschheit sieht auch Cousinen und Cousins als Geschwister an, dazu manchmal noch die Kinder von Nachbarn oder Freunden, und nur ein Bruchteil der Erdbevölkerung – Wissenschaftler sprechen von etwa 20 Prozent – verwendet die Bezeichnung »Bruder« und »Schwester« in dem Sinn, wie wir es tun.

Müßig zu überlegen, welche Version die grundsätzlich bessere sein könnte, denn was in manchen Regionen Afrikas und Asiens Brauch ist, lässt sich nicht mit hiesigen Traditionen vereinbaren. Aber gerade, weil wir dem Begriff Geschwister so enge Grenzen setzen, drohen Brüder und Schwestern allmählich knapp zu werden. Von fünf bis sechs Kindern, die es um 1900 noch pro Familie gab, ist die Zahl inzwischen auf 1,5 geschrumpft. Fast jeder Dritte unter dreißig hat weder Brüder noch Schwestern.

Die Zeiten, in denen Familien mit zahlreichen leiblichen Geschwistern die Norm waren, scheinen zur Neige zu gehen. Exakte Zahlen fehlen zwar, aber nach Schätzungen lebt mittlerweile in jeder siebten Familie eine bunte Mischung von deinen-meinen-unseren Kindern. Nie zuvor hat es derart viele Sorten von Geschwistern gegeben: Halb-, Stief-, Adoptivgeschwister, dazu Pflegekinder oder solche, die mit dem Sperma eines fremden Spenders gezeugt wurden, und andere, die als »Restposten« aus zerbrochenen Beziehungen irgendwo hängengeblieben sind. Nicht wenige der heutigen Erwachsenen waren schon selbst von dieser Entwicklung betroffen, und viele von ihnen wissen aus Erfahrung, dass mit etwas Glück und eigenem Zutun dauerhafte und tragfähige geschwisterliche Bindungen auch dann entstehen können, wenn man nicht aus derselben biologischen Quelle stammt.

1.1 Leibliche Geschwister

Großmutter Lenas Grübchenkinn ist unser Markenzeichen, das haben wir alle drei geerbt. Unsere gemeinsame

Abstammung steht uns also wirklich ins Gesicht geschrieben, aber weitere Ähnlichkeiten gibt es nicht. Susanne ist groß, sportlich und hat bloß ihre Reiterei im Kopf, ich bin eher klein, rundlich und eine Leseratte, und unser Bruder redet nur über Politik und Wirtschaft. Früher lebten wir nebeneinander her, fast gleichgültig, wir haben nicht einmal heftig gestritten. Erst als wir nicht mehr zusammenwohnten und uns nur ab und zu sahen, entstand plötzlich eine Beziehung zwischen uns Geschwistern. Ich merkte auf einmal, wie sehr ich mich den beiden zugehörig fühlte. So ein ganz warmes Gefühl war das, und Susanne und Jens schien es nicht anders zu gehen. Erst mit über dreißig sind wir im eigentlichen Sinn Geschwister geworden. Das gibt mir ein tolles Gefühl der Sicherheit.

Kaum eine andere Verbindung unter Menschen ist so eng wie die zwischen leiblichen Geschwistern: fünfzig Prozent gemeinsame Gene, aufgewachsen im selben Nest, jahrelang geteilte Butterbrote, Tränen und Geheimnisse. Mehr Nähe ist fast nicht denkbar. Und trotzdem sind Geschwister oft völlig verschieden. In ihrem Wesen, ihrer Lebensführung und ihren Interessen könnten viele nicht unterschiedlicher sein. Wieso wird der eine Bruder Schauspieler und der andere Lagerarbeiter? Warum wird die eine Schwester engagierte Feministin, während die andere fünf Kinder großzieht? Forscher machen die Unterschiede daran fest, dass jedes Geschwister die Welt auf ganz eigene Art erlebt. Familie, Umgebung, Erfahrungen – ein dichtes Netz von subjektiven Wahrnehmungen prägt die Persönlichkeit. Und nicht zuletzt scheint die Rolle, die jeder innerhalb der Familie spielt, darüber zu entscheiden, wie und was er wird.

Bei aller Verschiedenheit, und selbst wenn sie sich hin und wieder spinnefeind sein mögen oder vielleicht sogar den Kontakt auf Eis gelegt haben, wissen die meisten Geschwister doch, dass sie sich in Krisenfällen aufeinander verlassen können. Dann springt jeder für den anderen ein, egal, was vorher war. Zwar gibt es auch unter Freunden eine weitreichende Solidarität, aber es fällt hier leichter, sich nach einem Krach endgültig abzuwenden. Es fehlt das Gefühl der selbstverständlichen Verpflichtung und Zuständigkeit, das oft – aber nicht immer – typisch ist für die Beziehung zwischen Brüdern und Schwestern. Würden Freunde jemanden jahrzehntelang mit durchziehen, der pausenlos von einem Unglück ins andere stolpert, nichts zuwege bringt, immer nur klagt und Unterstützung braucht, ohne selbst etwas zu bieten? Wohl kaum. Unter Geschwistern dagegen scheint es ein ungeschriebenes Gesetz zu sein, dass man einem Pechvogel immer wieder auf die Beine hilft und für ihn einsteht, auch wenn nichts von ihm zurückkommt. Manch einer ist vielleicht nie auf so ein familiäres Netz angewiesen, trotzdem tut es den meisten gut zu wissen, wo sie in Notfällen Schutz und Hilfe fänden.

> *Manchmal glaube ich, wir sind keine Familie, sondern ein biologisches Experiment.*
>
> Al Bundy

1.2 Halbgeschwister

Ich war nur zufällig übers Wochenende als Hundehüter in meinem Elternhaus, weil die Eltern verreist waren. Am Samstag klingelte es nachmittags. Vor der Tür stand eine junge Frau, etwas jünger als ich, so um die dreißig. »Hallo«, sagte sie, »du bist sicher Thomas. Ich bin Julia, deine Schwester.« Eine Schwester? Davon hatte ich nie gehört. Erst jetzt stellte sich heraus, dass ich ein voreheliches Kind meiner Mutter war und dass mein leiblicher Vater – für mich eine völlig neue Größe – eine andere Frau geheiratet und noch ein Kind gezeugt hatte: Julia, die sich nach dem Tod ihrer beiden Eltern aufgemacht hatte, mich zu suchen. Die Geschichte war ein ziemlicher Schock für mich. Ich hatte einen Riesenkrach mit meiner Mutter, denn ich fühlte mich betrogen, weil ich nie die Chance gehabt hatte, meinen Vater kennenzulernen, und weil ich mit einem falschen Familienbild aufgewachsen war. Und ich fragte mich, warum meine Mutter so wenig Vertrauen zu mir hatte, dass sie mir, selbst als ich erwachsen war, nicht die Wahrheit gesagt hatte.

Sie hätte es nicht übers Herz gebracht, unsere Idylle zu zerstören, und mein leiblicher Vater sei ein übler Bursche gewesen – ihre Erklärungsversuche nützten wenig. Es dauerte ziemlich lange, bis die Verletzung heilte, und es gelang wohl vor allem deshalb, weil meine wirklich liebevollen Eltern Julia mit in die Familie aufnahmen. Seit Jahren schon gehört sie ganz selbstverständlich dazu, ist für meinen jüngeren Bruder, der durch Julias Erscheinen plötzlich auch zu einem Halbbruder wurde, und mich einfach die Schwester, ganz ohne Halb.

Menschen, die nur einen Elternteil, entweder nur den Vater oder nur die Mutter, gemeinsam haben, nennt man Halbgeschwister. Welcher Teil dieses Unwortes ihre Beziehung stärker prägt, kann sehr unterschiedlich sein. Bei manchen überwiegt das Trennende, die nur halbe Verwandtschaft, für andere spielen die »verdünnten« Blutsbande überhaupt keine Rolle, und sie fühlen sich völlig uneingeschränkt als Geschwister. Wie sich das Verhältnis zwischen ihnen entwickelt, hängt von verschiedenen Faktoren ab, ganz ohne schmerzhafte Konflikte scheint es jedoch kaum einmal zuzugehen.

Den Vater oder die Mutter mit einem fremden Erwachsenen zu teilen und dann auch noch hinnehmen zu müssen, dass die beiden einem einen kleinen Schreihals an die Seite setzen, neben dem man sich selbst plötzlich völlig unwichtig vorkommt, kann nicht einfach sein. Nach Meinung von Geschwisterexperten fällt es sehr jungen Kindern, die die Verhältnisse der Erwachsenen noch nicht durchschauen, am leichtesten, sich an die Neuordnung der Familie zu gewöhnen. Wenn sie von früh an zusammen mit einem Halbgeschwister aufwachsen, mit ihm alle Späße und Sorgen der Kindheit teilen, werden die Gefühle füreinander sich nicht von denen unter normalen Geschwistern unterscheiden. Sehr viel schwieriger ist es offenbar für ältere Kinder, wie sie als Erwachsene rückblickend schildern:

Meine Eltern ließen sich scheiden, als ich siebzehn war. Mein Vater zog ein paar Häuser weiter und lebte dort mit seiner Assistentin zusammen. Knapp zwei Jahre später heirateten die beiden und bekamen kurz darauf ein Baby. Helen, so hieß Papas Neue, fuhr den Kleinen jeden Tag spazieren, am Küchenfenster meiner Mutter vorbei. Ich wechselte immer die Straßenseite, wenn ich die zwei von ferne kommen sah. Niemals hätte ich einen Blick in den Wagen geworfen auf diesen kleinen ›Bastard‹. Ich liebte meinen Vater, aber ich sah, wie meine Mutter litt, und wollte ihr nicht auch noch wehtun. Vor ungefähr fünf Jahren, wir wohnten alle schon lange nicht mehr in der alten Straße, hab ich meinen Vater zufällig am Flughafen getroffen, zusammen mit Max, meinem Halbbruder, den ich noch nie gesehen hatte. Er war inzwischen so groß wie ich und sah mir geradezu lächerlich ähnlich. Ein etwas jüngerer Abklatsch. Mein Vater schaute grinsend zwischen uns hin und her und sagte bloß: »Na, erkennt ihr euch?« Nach einem kurzen Moment der Verblüffung haben Max und ich lauthals losgelacht. Ja, und seitdem habe ich einen Bruder. Meine Mutter leidet auch nicht mehr. Sie hat längst wieder geheiratet, und über die alte Geschichte ist Gras gewachsen.

Loyalität für einen Elternteil, Eifersucht, Angst ums Erbe – es gibt viele sehr unterschiedliche Gründe, warum manche Menschen ihre Halbgeschwister nicht als Brüder und Schwestern akzeptieren können. Andere, die einander vielleicht erst in fortgeschrittenem Alter kennenlernen, empfinden das als großes Glück. Das Begräbnis des gemeinsamen Elternteils kann zum Beispiel der Anlass zu so einer Familienzusammenführung sein. Aus der pflichtgemäßen Begegnung bei der Trauerfeier entsteht Neugier: Wer sind diese unbekannten Geschwister? Wie haben sie den Verstorbenen erlebt? Wussten sie, dass es irgendwo Brüder oder Schwestern gab? Über Erinnerungen an den Toten und das Zusammenfügen unterschiedlicher oder auch sehr ähnlicher Erlebnisberichte entsteht möglicherweise ein Gefühl der Gemeinsamkeit und Verbundenheit, das die bisherigen Schranken aufhebt.

Geschwisterbeziehungen haben tausenderlei Nuancen. Zu den schönsten gehört sicher ihre von Familienforschern immer wieder hervorgehobene Eigenart, sich ein Leben lang wandeln zu können. Für eine Annäherung ist es also nie zu spät. Vorausgesetzt, einander bislang fremde Kinder desselben Vaters oder derselben Mutter schaffen es, alte Verletzungen und Rivalitäten beiseitezulassen und das Verhältnis zueinander nach eigenen, erwachsenen Vorstellungen zu gestalten.

Das Schrumpfen der Familien gibt Geschwistern – egal, welcher Art – offenbar besonderen Wert. Nicht nur die Forschung bestätigt diese Feststellung, sondern auch ein Blick ins Internet. Alle möglichen Pauls und Ninas und Katrins suchen dort nach ihren Halbgeschwistern, Kindern von einem Heinz K., geboren 1948 in Celle, oder einer Helga O., gestorben 1964 in Hamburg, oder sie kennen die Namen ihrer Halbgeschwister, aber nicht deren Aufenthaltsort. Neben einigen dieser Anzeigen mit eindeutig erbrechtlichem Hintergrund scheinen die meisten von dem Wunsch diktiert, mit den unbekannten Brüdern und Schwestern in Verbindung zu kommen. Ob »Halb-« oder »Voll-«Geschwister, spielt dabei offenbar nur eine untergeordnete Rolle neben der Sehnsucht, jemanden zu finden, der zu einem gehört. In einer Suchanzeige heißt es:

Es wäre doch schrecklich, wenn wir uns erst bei der Testamentseröffnung unseres Vaters kennenlernen würden. Wie viel gemeinsame Zeit hätten wir inzwischen verschenkt!

In den USA gibt es seit einigen Jahren eine Bewegung, die künstlich gezeugten Kindern bei der Kontaktaufnahme zu weiteren Nachkommen desselben Samenspenders verhilft. Nach Medienberichten scheint dabei manchmal eine erstaunliche Anzahl von Halbgeschwistern zusammenzukommen. Initiativen dieser Art sind in Deutschland bislang eher rare Ausnahmen.

1.3 Adoptivgeschwister

Neulich saß ich mit meinem jüngeren Bruder in einem Frankfurter Lokal beim Essen. Er ist sehr dunkelhäutig, unsere Eltern haben ihn vor 28 Jahren in Delhi adoptiert. Plötzlich kam eine Bekannte von mir herein und setzte sich zu uns. »Ein Freund von dir?« fragte sie. »Nein, mein Bruder.« Sie schaute prüfend zwischen uns hin und her. »Und wer von euch beiden ist adoptiert?« Wir fanden die Frage nicht bloß witzig, sie tat uns auch gut, denn sie traf genau die Situation in unserer Familie. Jonas gehört genauso dazu wie ich, niemand empfindet ihn als »anders« oder draufgestöpselt. Er ist einfach ein Teil von uns.

Rein rechtlich wird ein Kind durch die Adoption den leiblichen Kindern der Adoptivfamilie gleichgestellt, ein völlig normales Mitglied einer völlig normalen Familie also. Und für die meisten Paare, die auf diese Weise ihren Familienkreis vergrößern, ist genau dies das Ziel ihrer Wünsche. Viele würden am liebsten alles Trennende wie Herkunft, Hautfarbe oder kulturellen Hintergrund überspielen, mit Liebe zudecken, bis das fremde Kind tatsächlich zum eigenen geworden ist.

Oft klappt das auch, am leichtesten dann, wenn das Kind schon als Säugling in seine neue Familie kommt, ohne Erinnerung an sein früheres Umfeld.

Und trotzdem haftet dem Adoptivkind etwas Besonderes, Außergewöhnliches an, etwas, das ins Blickfeld rückt, sobald sein Werdegang nicht hundert Prozent nach Plan verläuft. Vielleicht will es kein Latein büffeln oder weigert sich, Geige zu üben, vielleicht fängt es an zu klauen, zieht nachts um die Häuser oder wird mit sechzehn schwanger. Spätestens dann taucht fast unweigerlich die bange Frage nach seiner Abstammung und seinen Genen auf, und gar nicht so selten wird im Familienumfeld gemunkelt, das liege am Blut, das eben doch nicht das eigene sei.

Adoptivgeschwister – egal, ob alle angenommen oder mit leiblichen Familienkindern gemischt – werden von solchen Überlegungen gewöhnlich nicht geplagt. Nach einer

Anpassungsphase, die bei älteren Kindern mehrere Monate dauern kann, entwickelt sich unter den Geschwistern fast immer ein Verhältnis wie in ganz normalen Familien, mit Machtkämpfen, Eifersucht, Fürsorglichkeit, Wut und allem, was sonst noch dazugehört. Für Kinder spielt es nach Meinung von Fachleuten keine Rolle, ob sie mit ihren Geschwistern biologisch verwandt sind oder nicht. Wichtig sind das gemeinsame Aufwachsen im selben Familienverband und die alltäglichen Erfahrungen und Reibereien, aus denen das Gefühl der Zusammengehörigkeit entsteht. Und wie bei leiblichen Geschwistern bleibt auch diese Bindung mit allen Höhepunkten und unvermeidlichen Tiefen ein Leben lang bestehen.

Der 28-jährige Marcus sagt: »Ich käme nie auf die Idee, irgendetwas erklären zu müssen, zum Beispiel Freunden gegenüber, die zwar wissen, dass ich eine Schwester habe, aber nicht, dass sie aus Korea stammt – und sich dann wundern, wenn sie mit mir auftaucht. Ich sehe gar keine Unterschiede. Für mich gibt es da nichts Fremdes.«

Als Jugendliche und nicht selten auch noch als junge Erwachsene entwickeln viele Adoptivkinder einen schwer zu bremsenden Drang, die Belastbarkeit ihrer Eltern zu testen. Nach dem Motto: »Lieben sie mich auch dann noch, wenn ich mich benehme wie die Axt im Walde? Vielleicht hängen sie mich ja doch ab, wenn ich sie genügend nerve.« Während etliche der gestressten Eltern sich zumindest streckenweise fragen, ob sie nicht eine zu schwere Bürde auf ihre Schultern geladen haben, gehen die Geschwister mit solchen Manövern oft genauso um wie mit anderen Eskapaden, die jemand in der Familie den Übrigen zumutet. Sie waschen dem Querulanten gründlich den Kopf.

Die ältere Schwester eines längst erwachsenen Adoptivkindes erinnert sich: »Ich habe meinen Bruder richtig zusammengestaucht, als er mit dieser Tour anfing. Du bist ein Idiot, habe ich ihm gesagt. Nur weil du hier was ausprobieren musst, machst du jetzt so ein Theater! Mein Bruder hat mir Jahre später gestanden, dass ihm gerade durch diese nüchterne Reaktion klarwurde, wie sehr er in der Familie verankert war.«

Bei der Suche nach Antworten auf Fragen wie »Wer bin ich überhaupt?«, »Wo gehöre ich hin?« ziehen sich viele Adoptivkinder aus der Familie zurück. Manche für immer, andere nur zeitweilig.

Ein 30-Jähriger erzählt: »Wir sind beide adoptiert, aber mein zwei Jahre älterer Bruder ist schwerer damit klargekommen. Mit achtzehn hat er sich sogar aus sämtlichen Familienfotos herausgeschnitten. Komischerweise ließ er mich neben den Eltern drin. Er ging total auf Konfrontationskurs, hat aber den Kontakt zu mir nie aufgegeben. So, als ob er bei allem Abstand doch noch einen familiären Rückhalt brauchte – wenigstens bei mir.«

Es ist gerade die Verbindung zu den Geschwistern, die in Krisensituationen, wenn einer nach den Koordinaten seines Lebens fahndet, oft die einzige Sicherheit bietet. Bei

Zusammentreffen oder Telefonaten drehen sich die Gespräche dann nicht unbedingt um die eigentlichen Kernfragen, sondern um irgendwelche Alltagsdinge. Und trotzdem oder vielleicht gerade deshalb stellt sich dabei ein wohltuendes Gefühl der Vertrautheit und Wärme ein.

Adoptivgeschichten können scheitern, wie sich an zahlreichen schmerzlichen Fällen beobachten lässt. Warum klappt es bei anderen? Haben sie einfach mehr Glück? Liegt es an den »besseren« Genen der angenommenen Kinder? Sind die Beteiligten vielleicht flexibler oder sonst wie eher geeignet? Noch ist die Wissenschaft bei diesen Fragen nicht wirklich auf Grund gestoßen. Es wird viel diskutiert und spekuliert. Woran immer es liegen mag – diejenigen, bei denen das niemals einfache Unterfangen Adoption gut ausgeht, empfinden das häufig als besonderes Geschenk.

Hanna, die Schwester des jungen Manns aus Delhi, sagt: »Je älter ich werde, desto mehr wird mir bewusst, wie viel ich durch meinen Adoptivbruder gewonnen habe. Ich war sieben, als er zu uns kam. Jonas war drei Jahre jünger, und ich fühlte mich lange wie ein dritter Elternteil, immer beschützend und aufpassend. Allmählich kamen wir uns näher, wir wurden zum Team neben den Eltern. Das macht für mich das meiste aus, denn zu zweit man kann Dinge relativieren und erklären und die Eltern beruhigen, wenn ihnen irgendwas total dramatisch erscheint. Und wenn man älter wird, ist es gut, einen Ansprechpartner zu haben, einen Ratgeber, zum Beispiel bei Beziehungsproblemen oder anderen Fragen, die man mit den Eltern nicht bereden kann oder will. Mir ging's mal in Perugia ganz schlecht vor Liebeskummer. Jonas kam sofort mit dem nächsten Zug.« Und der Bruder ergänzt: »Das ist bei uns beiden so, wenn Not am Mann ist, taucht der andere auf. Vielleicht ist unsere Beziehung gerade deshalb so intensiv, weil wir beide spüren, das ist nicht selbstverständlich. Selbstverständlichkeit gibt es bei mir nicht, weil ich ständig auf mein Aussehen angesprochen werde und mir immer wieder bewusst wird, welche Chance ich damals bekommen habe. Je älter man wird, desto mehr erkennt man, wie man auch hätte leben können.«

1.4 »Patchwork«-Varianten

Immer mehr Menschen haben mit Geschwistern zu tun, die nicht biologisch, sondern nur sozial mit ihnen verbandelt sind, und das bringt ganz spezielle Geschwisterfreuden und -leiden mit sich.

Meine Kinder, deine Kinder – wir tun sie zusammen und gründen mit viel Optimismus und Schwung eine neue Familie! Das sagen Solo-Eltern inzwischen häufig. Deshalb sind »Patchwork«-Familien keine Seltenheit mehr. Und bei allen Plänen heißt die zentrale, alles entscheidende Frage immer: Kommen die neuen Geschwister miteinander zurecht? Tiefes Aufatmen und Erleichterung, wenn die Antwort nach einer längeren Ausprobierphase heißt: »Klappt schon!« Im besten Fall arrangiert sich der zusammengewürfelte Haufen bald mit dem neuen Familienmodell. Egal, ob noch im Kindesalter oder bereits erwachsen, vielfach sind die Söhne oder die Töchter einfach neugierig auf die »Mitbringsel« von Stiefmutter oder Stiefvater. Eine spannende, für viele auch reizvolle Angelegenheit, eine neue Familie zu stricken. Aufgeschlossenere Gemüter sind offen für die neuen »Verwandten« und gleichzeitig voller Vertrauen in Mutter oder Vater: Sie werden sich schon den richtigen Partner ausgesucht haben und wissen, was sie tun, wenn sie mit ihm und seinen Kindern eine Familien schmieden wollen. Es ist auch nicht schlecht, die Windel- und Schreihalsphase zu überspringen und einen Bruder oder eine Schwester geschenkt zu bekommen, mit denen man schon etwas anfangen kann. Plötzlich schneien sie einem ins Leben und landen am Esstisch – wer erlebt das schon? Das Zusammenraufen mit den neuen Geschwistern wird im besten Fall als aufregende Erlebnisreise oder sportliche Herausforderung empfunden. Der besondere Kick an der Sache: Kein Familienmitglied weiß genau, wo es eigentlich langgeht. Alle sind auf unbekanntem Feld und tasten sich gleichermaßen vorsichtig vorwärts. Jeder Tag steckt voller unvermuteter Überraschungen. Langeweile und Routine kommen bei diesem Abenteuer nicht so schnell auf, das ist garantiert.

»Ich wusste seit Monaten, dass meine Mutter wieder heiraten würde, kannte meinen ›neuen‹ Vater und seine Kinder schon lange und war sehr angetan von der Idee einer ›Patchwork‹-Familie«, erzählt eine 17-Jährige. »Als sich mein Stiefvater und die seinen dann mit Sack und Pack in unserem Haus breitmachten, habe ich aber doch erst einmal schlucken müssen. Nichts war wie vorher. Alles neu. Alles anders. Es hat gedauert, bis ich mich an die Veränderungen gewöhnt hatte. Aber irgendwann habe ich die Kurve gekriegt und mich mit der neuen Familie angefreundet und nur das Positive gesehen: Wenn plötzlich frischer Wind – eher schon ein Sturm – durch die Bude fegt und die Familie aufmischt, werden alle recht munter und lebendig. Das ist ein Vorteil. Obwohl wir uns mögen, hat es immerhin zwei Jahre gedauert, bis wir allesamt mit der neuen Familiensituation klarkamen.«

Meistens dauert es nicht nur zwei, sondern etwa fünf Jahre, bis die neue Familie wirklich zusammenwächst, sagen Familienforscher. Ist der Altersabstand zwischen den neuen Geschwistern groß, fällt es den Betroffenen in der Regel viel schwerer, eine geschwisterähnliche Beziehung aufzubauen als bei einem geringeren Altersabstand.

Vielfach reagiert der Nachwuchs in der Anfangsphase der Familiengründung eher gestresst und skeptisch auf das neue Familienmodell als erfreut. Das hat meistens folgende Gründe:

Die Trennung der »richtigen« Eltern wirkt noch nach. Die abwesende Mutter oder der abwesende Vater wird vermisst, der Trennungsschmerz samt unangenehmer Sorgerechtsverhandlungen lastet vielleicht noch schwer auf der Seele. Dazu kommen Schuldgefühle wie »Wir Geschwister haben es nicht geschafft, unsere alte Familie zusammenzuhalten!« Kommt die neue Familie problemlos miteinander klar, registrieren die Söhne und Töchter die gute Stimmung auch mit Wehmut, erinnert ihr jetziges Familienleben sie doch täglich daran, wie mies das Klima in ihrer Ursprungs-familie vor der Trennung war.

Durch die Wiederverheiratung haben die Söhne und Töchter plötzlich zwei Väter oder/und zwei Mütter, dazu noch neue Brüder und Schwestern – alles bunt gemischt und erst einmal gewöhnungsbedürftig.

Das Zusammenleben in der neuen Familie kann außer-dem recht turbulent sein, einfach anstrengend. Auf einmal benutzt ein frecher Dreikäsehoch das Sofa als Hüpfburg, eine muffige Fünfzehnjährige hört in der Küche Wahnwitz-Musik oder ein lahmer Zwanzigjähriger schlurft am Sonn-tagnachmittag im Schlafgewand zum Kühlschrank. Bei manchem Neuling unter den Geschwistern stellt sich da-raufhin ein Gefühl von Entfremdung ein: Seltsam, wenn man sich in der eigenen Familie plötzlich als Gast fühlt.

Wie soll man auf Knopfdruck geschwisterliche Zuneigung für die »Neuen« abrufen? Selbst die Kinder, die erwachsen und längst zu Hause ausgezogen sind, gewöhnen sich oft nur langsam an die veränderten Familienverhältnisse: »Ich fühle mich bei meiner Mutter (meinem Vater) auf einmal wie zu Besuch!«, bekommt zu hören, wer sich unter frischen Patchworkern umhört. Manche Neu-Geschwister leiden eine ganze Weile unter dem Gefühl, in ihrer neuen Familie nicht wirklich zu Hause zu sein, und suchen lange nach ih-rem Platz in dem neuen Gefüge mit Gefühlen wie: »Welche Position habe ich hier eigentlich? Was soll ich hier?«

Wenn ein Baby geboren wird und sich in seiner bunten Patchwork-Familie einnistet, kommt zu der ganz normalen geschwisterlichen Eifersucht eine Portion Verunsicherung: »Bin ich jetzt bloß noch ein Anhängsel?«

»Den Sohn meines Stiefvaters mag ich. Außerdem stört er kaum meine Kreise. Wenn ich bei meiner Mutter aufkreuze, hockt er entweder in seinem Zimmer vor dem Computer oder ist unterwegs. Wir sehen uns also kaum«, erzählt eine 27-Jährige. Und sagt dann, ganz rot im Gesicht vor Aufregung, was ihr immer noch Kopfschmerzen bereitet: »Meine Mutter hat vor einem Jahr noch ein Kind bekommen. Ein Mädchen. Ich bin 26 Jahre älter als meine kleine Schwester, und damit komme ich nicht zurecht!« Sie wisse nicht wirklich, warum sie derart angespannt reagiere, sagt sie und fragt: »Bin ich vielleicht eifersüchtig auf meine Mutter, weil sie das Baby hat, das ich gerne hätte? Ich habe noch nicht einmal einen Freund! Das Baby ist übrigens wirklich süß!«

Der Neuankömmling in einer Patchwork-Familie hat, was Stiefbruder und Stiefschwester nicht haben: Mutter und Vater, die zusammenleben und die ihr gemeinsames Glück wahrscheinlich sichtlich genießen. Es kann wehtun, von einem munteren Winzling noch einmal drastisch vor Augen geführt zu bekommen, wie gut es tut, seine beiden Eltern um sich zu haben. Als Patchworker muss man dagegen auf einen Elternteil weitgehend verzichten, abgesehen von Wochenenden und Urlaubstagen.

Spüren Eltern, dass ein Kind unter der besonderen Familiensituation leidet, bemühen sie sich meist verzweifelt um

28

Harmonie. Sie wollen die Probleme lösen, Konflikte aus der Welt schaffen, Vorbehalte beseitigen – oft vergebliche Liebesmüh, vor allem dann, wenn sie tun, was Eltern in ihrer Hilflosigkeit gerne machen: Sie preisen die angeheirateten Geschwister an, loben die »Neuen« in den Himmel und versuchen, die Kinder einander schmackhaft zu machen. Damit erreichen sie genau das Gegenteil: Die neuen Geschwister ziehen sich erst recht zurück oder streiten sich ohne Ende. »Du hast mir gar nichts zu sagen!« tönt es. Und selbst längst erwachsene Kinder machen bei dem Hauen und Stechen mit.

Ein junger Mann berichtet von einem besonderen Familienkitt: »Meine Stiefmutter brachte zwei erwachsene Töchter samt Anhang mit in die neue Ehe, mein Vater brachte mich mit. Großartige Familiengefühle konnten nicht entstehen, da meine Stiefschwestern und ich wenig Zeit für Familie hatten und auch kein großes Interesse daran. Meine Stiefmutter und mein Vater litten darunter, dass keine Vertrautheit und schon gar kein Zusammenhalt in der neuen Sippe entstand. Irgendwann schlugen sie vor, einmal im Jahr mit allen Kindern und Enkeln ein Wochenende am Bodensee zu verbringen. Wir haben uns nur zähneknirschend auf diesen Vorschlag eingelassen, hatten dann, als wir uns näher kennenlernten, aber so viel Spaß miteinander, dass seitdem alle voller Freude erpicht auf dieses Wochenende sind! Und außerdem treffen wir uns inzwischen auch ›freiwillig‹ häufiger. Immerhin ist damit ein Hauch von Familiengefühl und Zusammenhalt entstanden, und das tut allen gut. Meine

Freunde sehen ihre ›richtigen‹ Geschwister jedenfalls seltener als ich meine ›falschen‹!«

Dass Rituale wie gemeinsame Unternehmungen, Reisen und Mahlzeiten auch im reiferen Alter als Klebstoff für Familien taugen, bestätigen Psychologen.

Wer in einer Patchwork-Familie aufwächst, kann das neue Familiensystem am ehesten akzeptieren, wenn er den externen Elternteil regelmäßig sieht und die Stiefmutter oder den Stiefvater eher als Freundin oder Freund betrachtet und weniger als Ersatzelternteil, schreiben Forscher des Deutschen Jugendinstituts in der Studie »Stieffamilien in Deutschland.«

Ein 28-Jähriger kann das bestätigen: »Ich bin bei meinem Vater, seiner zweiten Frau und deren zwei Töchtern groß geworden. Am Anfang habe ich unsere Familie nur als Flickenteppich empfunden: nicht aus einem Guss. Jeder blieb bei seinen Gewohnheiten und Regeln. Wir kamen nicht zusammen, das Ganze passte nicht. Ich hatte null Lust auf die Neuen, die wesentlich jünger waren als ich und auf die ich dauernd aufpassen sollte. Meine richtige Mutter hat mir dann gesagt: ›Vielleicht müssen die Mädchen nicht deine Schwestern werden, sondern können deine Freunde sein!‹ Das konnte ich schließlich akzeptieren. Mit meiner neuen Familie komme ich nun besser zurecht, noch besser, seitdem meine Mutter und ihr zweiter Mann häufiger zu Besuch kommen und zu Freunden der ganzen Familie geworden sind. Inzwischen sehe ich uns als Einheit. Vielleicht werden aus meinen beiden Freundinnen so doch noch meine Geschwister!«

Das Durcheinander verschiedener Kinder, das in manchen Patchwork-Familien herrscht, mag irritieren. Aber nicht wenige Söhne und Töchter haben längst bewiesen, dass sie sich in verzweigtesten Familiengestrüppen locker zurechtfinden und sich ihren eigenen Pfad durch den Dschungel bahnen.

»Wer ist dein richtiger Bruder und wer der Bruder, den dein Stiefvater mitgebracht hat?« Oder: »Lebt deine Schwester immer in eurer Familie oder normalerweise in der Familie deines Vaters?« Jahrelang hat ein Junge solche Fragen über sich ergehen lassen und seinen Freunden geduldig geantwortet. Natürlich kommen in unseren Tagen verzwickte Familienverhältnisse häufiger vor, und ebenso natürlich ist, dass die Freunde um Klärung bemüht sind, weil sie das Familiengewirr durchschauen wollen. Die Eltern des Befragten trennten sich, als der inzwischen 20-Jährige, sein Bruder und seine Schwester noch klein waren. Zuerst blieben alle Geschwister beim Vater, weil ihre Mutter ins Ausland ging. Später wechselte er in die neue Familie der Mutter. Heute lebt der junge Mann harmonisch mit seiner Mutter, seinem Stiefvater, dem Sohn seines Stiefvaters und einem Babyhalbbruder unter einem Dach. Seine »richtige« Schwester und sein »richtiger« Bruder sind dagegen in der neuen Familie ihres Vaters geblieben. Wie er denn mit dem ganzen Durcheinander klarkomme, wird er häufiger gefragt und kann darauf nur sagen: »Familie 1, Familie 2 – alles reine Gewöhnungssache.« Aber es gab auch andere Zeiten. Früher hat er seinen Stiefvater nicht akzeptiert und dessen Sohn schon gar nicht: immer diese Fremden in der Wohnung. Morgens beim Frühstück. Abends vor dem Fernseher. Er hat sie als Eindringlinge empfunden, als Störer, und sie deshalb gepiesackt. Der ewige Trouble belastete auch die Beziehung zwischen Mutter und Stiefvater. Lausige Zeiten waren das. Irgendwann waren die Neuen wieder weg, aber als großartiger Gewinner konnte sich der Sohn nicht fühlen. Zu Hause war es nun auch nicht gemütlicher, denn seine Mutter weinte nur noch. Schließlich hat er die Kurve gekriegt und seinen Frieden mit der neuen Familie geschlossen: Alle kamen zurück. Eigentlich hatte er doch gar nichts gegen seinen Stiefvater und diesen neuen Bruder. Sie sind doch ganz verträglich. Heute ist er froh über seine Familien, freut sich, dass er sogar zwei davon hat. Wenn es zu Hause ungemütlich wird, verzieht er sich zu seinem Vater und dessen Clan.

Aller Aufregung und allem Stress zum Trotz sagen die meisten mit der Zeit Ja und Amen zu der neuen Familie. Was bleibt auch anderes? Mit Vorbehalten kommen? Das macht die Sache nicht einfacher. Auf Dauer wird das Zusammenleben schon klappen, Optimismus ist angesagt. Und viele können nach einer kurvenreichen Eingewöhnungsstrecke sagen: »Es ist ein Riesengewinn für mich, eine große Familie zu haben!« Und dass die »neuen« Geschwister keine »echten« sind? Mit der Zeit ist das auch kein Thema mehr: Sie sind Geschwister geworden, und damit basta!

Bei manchen hält sich die Freude am Familienexperiment allerdings auch auf Dauer in Grenzen: Nichts wächst da zusammen. Probleme sind dann vorprogrammiert und nicht schnell aus der Welt zu schaffen, wenn der neue Elternteil seinen eigenen Nachwuchs den Stiefgeschwistern sichtlich vorzieht, ungerecht handelt, intrigiert, vorschnell urteilt und sich als ziemlich anstrengender Stiefvater oder launische Stiefmutter entpuppt. Werden die Geschwister gegeneinander ausgespielt und wird Stimmung gegen den einen oder anderen gemacht, dann bilden sich schnell Parteien, die erbittert miteinander rivalisieren, und davon sind selbst die Geschwister betroffen, die längst selbstständig sind und ihre eigenen Wege gehen. Sie kämpfen mit.

Annabelle, heute 40 Jahre alt und mit einer Stiefmutter und deren Kindern groß geworden, hat erlebt, dass ihre Familie bei der ersten großen Belastungsprobe auseinanderbrach: »Jahrelang lebte ich mit meinem Vater, seiner zweiten Frau, den beiden Söhnen aus der ersten Ehe meiner Stiefmutter und einer gemeinsamen Tochter der beiden unter einem Dach. Das ging recht gut. Ich mochte die beiden Jungs und sie mochten mich. Wir waren im gleichen Alter, haben viel miteinander erlebt, und meine kleine Schwester war einfach süß. Ich liebe sie sehr. Der Haken an der Sache: Meine Stiefmutter hat mich rund um die Uhr eingespannt. Dauernd musste ich im Haushalt helfen, Besorgungen erledigen oder meine Schwester bespielen. Die Jungen mussten nichts tun. Außerdem hieß es laufend: ›Sei nicht so schüchtern. Du musst mehr auf die Menschen zugehen – so wie deine Brüder!‹ Oder: ›Lass dir von ihnen mal zeigen, wie du auftreten musst! Die können das!‹ Um mich nicht wie ein Verlierer zu fühlen, habe ich mich angestrengt, um besser in der Schule und besser im Studium zu sein als die Söhne meiner Stiefmutter. Sofort haben die mich als Streberin bezeichnet. Das war keine gute Zeit, denn wir haben schließlich gnadenlos miteinander rivalisiert. Als mein Vater starb, war ich schon volljährig und stritt mich mit meiner Stiefmutter um das Geld für meine Ausbildung. Scheußlich! Der Streit war so heftig, dass ich mich schleunigst selbstständig machte. Die Familie fiel auseinander. Ich habe heute keinen Kontakt mehr zu meiner Stiefmutter und zu den Jungen. Das Interesse aneinander war wohl nicht echt. Meine Schwester sehe ich aber ab und zu. Bei unseren Unterhaltungen sparen wir das Thema Familie sorgfältig aus.«

Wenn kein tiefes Interesse aneinander besteht und wenn die Rivalität der Geschwister ein wirklich freundschaftliches Miteinander letztlich blockiert, ist das Verhältnis zum nicht leiblichen Elternteil und den dazugekommenen Kindern nicht unbedingt schlecht, bleibt aber oberflächlich und letztlich unverbindlich. Misslingt es der neuen Familie, eine starke Anziehungskraft auf alle Familienmitglieder auszuüben, wird sie schnell zur Nebensache und löst sich nicht selten auf, wenn aus den Kindern Erwachsene geworden sind – ein Schicksal, das allerdings allen Familien drohen kann.

2. Das ganz Besondere an Geschwisterbeziehungen

Vierzehn Millionen große und kleine Menschen haben in unseren Breiten Geschwister. Die Freude an Bruder oder Schwester überwiegt, denn Forschungsbefunde sagen, die meisten Menschen seien froh, Geschwister zu haben. Nur sechs Prozent wären lieber allein. Dass Geschwister bei der Entwicklung der Persönlichkeit eine entscheidende Rolle spielen, hat bereits vor Jahrzehnten der Arzt und Psychologe Alfred Adler erkannt. Und damit nicht genug: Die Wissenschaft hat festgestellt, dass sich Geschwister in vielen Lebensbereichen wechselseitig beeinflussen, etwa bei der Berufs- oder Partnerwahl.

2.1 Vom Schicksal zusammengewürfelt

Neulich ging ich durch die Fußgängerzone unserer Stadt, in Gedanken noch bei einem Zeitungsartikel, den ich gerade beim Frühstück gelesen hatte. Jemand rempelte mich an, und als ich den Kopf hob, sah ich Greta auf mich zukommen. Meine Schwester! Was tat die hier so plötzlich? 300 Kilometer von ihrem Wohnort entfernt? Ich blieb stehen, starrte ihr entgegen – und merkte im selben Moment, dass ich mein Spiegelbild in einer Schaufensterscheibe fixierte. Wie kann man sich selbst mit jemandem verwechseln?! Offenbar ist die Ähnlichkeit zwischen mir und meiner Schwester viel größer, als ich je vermutet hätte.

Den wenigsten Menschen ist bewusst, wie eng und wie tiefgreifend sie mit ihren Geschwistern verbunden sind – angefangen bei gemeinsamen Genen, Verwandten, Erlebnissen, Erfahrungen, Gewohnheiten ... Manchmal sind sie einander so ähnlich, dass sie verwechselt werden oder sich selbst im anderen wiedererkennen. Ich bin wie du – du bist wie ich. Aber eben nur *wie*. Auch bei größter Übereinstimmung bleibt da immer ein Unterschied, Raum für Eigenarten, die jeder für sich hat und die ihn einzigartig machen.

Niemand hat die Freiheit, sein Ich zu wählen. Man kann sich die Haare färben, Nase, Busen und Waden richten oder sogar eine Geschlechtsumwandlung vornehmen lassen und bleibt doch im Innersten die Person, als die man auf die Welt gekommen ist. Kaum anders verhält es sich mit Geschwistern. Ob Bruder oder Schwester, jünger oder älter, in kürzeren oder längeren Abständen erschienen, vielleicht auch im Doppelpack – kein Mensch kann sich die Art, Zahl und Reihenfolge seiner Geschwister aussuchen. Es gibt auch keine Möglichkeit, sie umzutauschen oder zurückzugeben. Geschwister sind ein nicht selbst gewählter Teil des eigenen Lebens, und sie bleiben es, ob man will oder nicht.

Nach Ansicht von Familienforschern hat die Verbindung

mit Geschwistern etwas Schicksalhaftes. Dieses schicksalhafte Moment äußert sich nicht nur darin, dass man ungefragt mit Brüdern und Schwestern zusammengespannt wird. Sie nehmen durch ihr Da-Sein und So-Sein auch Einfluss auf den persönlichen Lebenslauf, die Entwicklung bestimmter Charakterzüge, die berufliche Weichenstellung, die Partnerwahl ...

Wie entscheidend Geschwister für den individuellen Werdegang tatsächlich sind, hat die Forschung erst in den letzten Jahrzehnten aufgedeckt. Aber weil das Schicksal sich niemals in die Karten schauen lässt, bleiben auch bei dieser wissenschaftlichen Analyse eine Menge Fragen offen: Warum ist ein Kind so viel temperamentvoller, musikalischer oder durchsetzungsfähiger als seine Geschwister? Weshalb sind sich manche Geschwister so erstaunlich ähnlich und andere nicht im mindesten? Stimmt es, dass Sandwich-Kinder – die mittleren Geschwister – es so viel schwerer haben als die älteren und jüngeren neben ihnen? Nur ansatzweise können solche Fragen bisher beantwortet werden, aber was die Geschwisterforschung zutage gefördert hat, ist deshalb so spannend, weil es viele tradierte Meinungen aushebelt und zum gründlichen Umdenken auffordert.

2.2 Kündigung ausgeschlossen

Zu Geschwistern könne man »keine Nicht-Beziehung haben« sagt der Zürcher Psychologe Jürg Frick in einem SPIEGEL-Gespräch vom Januar 2006. »Selbst wenn man sich überwirft und nicht mehr miteinander spricht: In Gedanken wird man sie nicht los.«

Den Test kann jeder machen: Wann immer man das Gespräch auf Geschwister bringt, sprudeln von allen Seiten Geschichten. Lustige Geschichten, anrührende Geschichten, aber auch welche voller Ablehnung, Wut und Hass.

Das Wort Familienbande hat einen Beigeschmack von Wahrheit
Karl Kraus

»Wenn ich an meinen Bruder denke«, sagt ein weißhaariger, freundlich wirkender Mann, »kommt mir die Galle hoch. Ich sehe sein pampiges, pickeliges Pubertätsgesicht vor mir und höre diese schleimige Stimme, mit der er mich wieder und wieder angepumpt hat. Jahrelang bin ich darauf hereingefallen, aber irgendwann war dann Schluss. Ich will nichts mehr von ihm wissen.«

Aus seinem Bewusstsein verdrängen kann er den Bruder dennoch nicht. Wie auf Knopfdruck stellen sich Bilder und Gefühle wieder ein, sobald eine Ähnlichkeit oder eine bestimmte Situation die Erinnerung weckt.

»Ich wäre glücklich«, erklärt der Weißhaarige, »wenn ich meinen Bruder aus meinem Leben tilgen könnte, richtig weg mit ihm, als hätte es ihn nie gegeben. Ich will diesen Hass nicht in meinem Innern, aber ich krieg's nicht hin.«

Sogar wenn er tot wäre, bliebe der Bruder immer noch der Bruder, und der Hass stünde auf Abruf bereit. Für zerstrittene Geschwister kann die Unauflöslichkeit ihrer Beziehung eine schwere Bürde sein, während die anderen, die in liebevoll zugewandter Verbindung miteinander stehen, sie als sicheren Hintergrund ihres Lebens empfinden.

2.3 Was die Gene bestimmen

»Meine Schwester und ich sehen uns nicht nur ähnlich, sondern denken, fühlen, leben auch ähnlich – beide ängstlich um ihre Familien bemüht. Beide schüchtern, fast menschenscheu. Beide musisch begabt. Sind wir uns so ähnlich aufgrund unserer Erbanlagen oder weil wir unter etwa gleichen Bedingungen groß geworden sind?«

Die meisten fahnden neugierig nach genetischen Merkmalen mit ihren Geschwistern, wie bei einem Puzzlespiel: »Was hast du von unserer Mutter, was habe ich von ihr?« Oft werden sie fündig: Diese besondere Nase kennt jeder in der Familie. Und was gibt es außer der Nase noch an Übereinstimmung? Die Frage lässt sich nicht einfach beantworten, denn jeder Mensch ist ein genetischer Mix, er erhält die eine Hälfte seines Erbguts von seiner Mutter und die andere von seinem Vater. Geschwister haben im Schnitt etwa fünfzig Prozent gemeinsame Gene. Kein Wunder also, wenn sowohl Ähnlichkeiten zu entdecken sind als auch gravierende Unterschiede.

Um zu verstehen, warum Geschwister sind, wie sie sind, muss man zu den Anfängen zurückgehen: dahin, wo das Leben beginnt. Bei der Zeugung verschmelzen mit der Eizelle der Mutter und der Eizelle des Vaters 30 000 bis 40 000 Gene samt Erbinformationen. Zwei unterschiedliche Chromosomensätze tun sich zusammen. Die Gene legen zum Beispiel die Begabungen, das Temperament, die Haar- und Hautfarbe, die Figur und eine riesige Palette von weiteren Fähigkeiten, Merkmalen und Eigenschaften fest. Der neue Chromosomensatz ist kein Abklatsch der mütterlichen oder väterlichen Gene, sondern eine zufällige Mischung, gemixt wie in einem Schüttelbecher, eine einzigartige Kombination von Genen. Mit Hilfe eines Bildes lässt sich das Ganze besser erklären:

Die Mutter ist eine rote Blume, der Vater eine blaue. Die rote Blume treibt rote Blüten und die blaue Blume blaue. Entsteht ein Ableger aus beiden Blumen, dann nicht allein mit roten oder blauen Blüten, sondern mit bunt gemischten roten und blauen. Vergleichbar funktioniert die Sache mit den menschlichen Genen: Von jedem Elternteil bekommt ein Kind ein bisschen und trotzdem etwas ganz anderes. Wissenschaftler weisen darauf hin, dass keiner als unbeschriebenes Blatt geboren wird, sondern jeder von Anfang an eine Persönlichkeit ist und besondere Verhaltensmuster, und Wesenszüge, etwa bestimmte geistige und emotionale Fähigkeiten, soziale Interessen und musische Neigungen, mitbringt, also nicht erst im Laufe der Kinderjahre durch Erziehung erwirbt.

Alle schlechten Eigenschaften entwickeln sich in der Familie. Das fängt mit Mord an und geht über Betrug und Trunksucht bis zum Rauchen.

Alfred Hitchcook

Zwillingsforscher haben auf die Schicksale eineiiger, in unterschiedlichen Familien und Kulturen groß gewordenen Zwillinge hinwiesen, die sich erst nach dreißig oder vierzig Jahren zum ersten Mal trafen und trotzdem frappierende Ähnlichkeiten aufwiesen. Sie zeigten nicht nur erhebliche Übereinstimmungen im Aussehen – gleicher Haarschnitt, ähnliche Brille und Klamotten –, sondern auch im Verhalten und im Charakter. Inzwischen haben Molekularbiologen die Studien der Zwillingsforscher untermauert, denn sie fanden Gene, die unsere emotionale Befindlichkeit, unsere Intelligenz und unsere Verhaltensmuster beeinflussen.

Die Untersuchungen des Psychologen Franz Josef Neyer (Humboldt-Universität Berlin, Dezember 2001) bestätigen, welche gravierende Bedeutung die genetische Verwandtschaft hat. Neyer untersuchte 193 ältere Zwillingspaare: 133 davon eineiig – mit gleichem Erbgut, 60 zweieiig – also mit einer genetischen Übereinstimmung wie bei gewöhnlichen Geschwistern.

Er fand heraus, dass sich die eineiigen Zwillinge emotional näherstehen, sich öfter treffen und in geringerer Entfernung voneinander leben als die zweieiigen. Je mehr Gene übereinstimmen, desto besser kommen die Geschwister miteinander klar.

Wenn Kinder das Gros ihrer Persönlichkeitsmerkmale von ihren Eltern und Großeltern erben, heißt das aber nicht, dass alles Denken und Tun durch ihre Erbanlagen festgelegt ist. Neben den Erbanlagen beeinflussen äußere Faktoren das menschliche Verhalten. Auch das zeigen Untersuchungen von eineiigen Zwillingen. Bei aller Ähnlichkeit ihrer Verhaltensmuster unterscheiden sich selbst eineiige Zwillinge in vielem. So hat jeder Zwilling neben den gemeinsamen auch ausgeprägte eigene Vorlieben und Abneigungen, Wesenszüge und Interessen. Selbst sie nehmen das Leben recht unterschiedlich wahr: Schaut der eine Zwilling pessimistisch in die Zukunft und zweifelt daran, jemals einen Ausbildungsplatz zu ergattern, macht sich der andere keinen Kopf und ist einfach zuversichtlich nach der Devise: »Wird schon werden!«

Fazit: Jeder kann sein Erbgut auf seine eigene Weise nutzen, denn es bietet verschiedene Möglichkeiten, wie man damit umgehen kann. Geschwister sind verschieden. Jedes hat sein eigenes Erscheinungsbild und seinen unverwechselbaren Charakter.

Erstaunlicherweise unterscheiden sich Kinder gleicher Eltern, unter ungefähr gleichen Bedingungen groß geworden, in den Merkmalen ihres Wesens und Charakters oft stärker voneinander als im Alter, im Geschlecht, in der Herkunft vergleichbare fremde Personen.

Bei der Charakter- und Persönlichkeitsprägung spielen weitere Faktoren eine entscheidende Rolle, wie etwa der gegenseitige Einfluss der Geschwister. Dieser Einfluss hängt erstens von ihrer Position in der Geschwisterreihe ab und zweitens von der genetischen Grundausstattung. Zwei Beispiele:

Ist das älteste Geschwister schüchtern – in 50 Prozent aller Fälle gilt Schüchternheit als erblich –, wird es seine Geschwister kaum beherrschen wollen, obwohl seine Position als erstes Kind dazu einlädt. Wahrscheinlich wird es sich zurückhalten, seine jüngeren Geschwistern vorpreschen lassen und ein Bündnis schließen wollen nach der Devise: »Geht ihr voran, ich komme nach!«

Ist ein Erstgeborenes dagegen temperamentvoll – das Temperament ist teilweise genetisch verankert – und wirbelt es begeistert durchs Leben, dann kommt ihm seine herausgehobene Position in der Geschwisterreihe wahrscheinlich gerade recht und es dirigiert die jüngeren Geschwister dahin, wo es sie haben will, nach dem Motto: »Ich mach' schon mal!«

Je mehr Spielraum, je mehr Entwicklungschancen die Umwelt zulässt, desto stärker schlagen die Gene in der Entwicklung durch und setzen bestimmte Verhaltensmuster in Gang. Bei einem Menschen, der in einer Großfamilie aufwächst, mit unzähligen Gelegenheiten, aktiv zu werden, haben seine Gene also mehr Entfaltungsmöglichkeiten als bei einem Menschen, der zurückgezogen in einer Minifamilie lebt, die wenig Abwechslung und Anregung bietet. Äußere Einflüsse können die durch Gene gesteuerte Entwicklung umlenken, indem sie beispielsweise ein ängstliches Wesen ermutigen, Abenteuer zu suchen, oder einen wagemutigen Treibauf anregen, langsamer zu treten.

Die Spurensuche nach Ähnlichkeiten ist ein spannendes Spiel. Weil heute Fotos, oft sogar Filme von den Altvorderen in den Familien vorhanden sind, kann man Generationen zurück nach äußerlichen Ähnlichkeiten fahnden, und überlieferte Familienanekdoten bieten zusätzlichen Stoff. Faszinierend, dass die hohe, gewölbte Stirn von Großmutter Trine inzwischen bei ihrem Urenkel angekommen ist und das cholerische Temperament von Urgroßvater Fritz immer noch durch die Familie geistert und inzwischen Urenkel Klaus zu schaffen macht. Das Beste an diesem Spiel: Es macht Geschwistern einmal mehr klar, dass sie nicht allein, sondern Glieder einer längeren Kette sind. Bruder und Schwester haben ihre Gene aus demselben »Topf« und fühlen sich – aller Unterschiede zum Trotz – eng verwandt, wie sich im Alltag zeigt. »Wenn wir doch bloß nicht dieses lahme Temperament von unserem Vater geerbt hätten!«, wird gemeinsam gestöhnt. Oder man legt sich gemütlich zurück und stellt zufrieden fest: »Glücklicherweise ist Großmutters Heiterkeit auch unser gemeinsames Erbe!«

2.4 Enger geht es nicht

Eine Geschwisterbeziehung ist »die engste und vertrauteste Beziehung, die es überhaupt gibt, enger noch als die intimste Liebesbeziehung«, sagt der Geschwisterexperte Hartmut Kasten in einem Interview (ZEIT-Wissen Magazin Heft 1, 2005). In der Tat: Nur in seltensten Ausnahmefällen hat jemand seiner Liebsten bei ihren anfänglichen Löffelübungen mit Karottenbrei zugeschaut, seinen Traummann bei seinen ersten Ausflügen ohne Windeln begleitet oder war Zeuge, wie er oder sie sich auf den Weihnachtsmann herauszureden versuchte, wenn die Schokoladenplätzchen plötzlich verschwunden waren. Wer zurückdenkt, stößt auf unendlich viele Situationen und Alltagsereignisse, in denen er Brüder oder Schwestern aus nächster Nähe so erlebte wie niemand sonst. Oft nicht einmal die Eltern. Man weiß von Ängsten und Phobien, Tricksereien, fiesen kleinen Gemeinheiten und Ausflüchten. Haargenau kennt jeder die Schwachpunkte der anderen: wovor sie sich ekeln, worauf sie gern stolz wären, was sie in Rage bringt ... Unter Geschwistern gibt es keine Deckung – vor allem, wenn sie altersmäßig nicht zu weit auseinander liegen –, und taktvolle Zurückhaltung müssen sie erst noch lernen.

Kein Wunder, dass aus einem so engen Miteinander nicht nur intensivste Vertrautheit entsteht, sondern auch jede Menge Zunder für mehr oder weniger heftige Auseinandersetzungen mit Worten, Zähnen und Fäusten. Noch mit fünfzig wird einem vielleicht unter die Nase gerieben, man habe damals, als Sechsjähriger, das neue Fahrrad zu Bruch gefahren und nicht der Helmut von nebenan. Allerdings ist so ein Uralt-Vorwurf dann meistens keine echte Attacke mehr, sondern eine verkappte Liebeserklärung, ein Beweis der über die Jahre geretteten tiefen Verbundenheit.

Man weiß auch von geheimen Experimenten mit Regenwürmern oder nächtlichen Ausbrüchen durchs Kellerfenster. Man hütet gemeinsame Geheimnisse, die einem noch nach Jahren die Schamröte ins Gesicht treiben oder zu feuchten Händen verhelfen, wie die Geschichte mit dem Auto, mit dem man ungefragt, den Führerschein gerade erst in der Tasche, eine Spritztour in die nächste Stadt unternommen hat.

Wehe, wenn die Geschwister, eingeschworen als Geheimnisträger, ihre Versprechen nicht halten und das in sie gesetzte Vertrauen missbrauchen und fahrlässig oder gezielt ihr Wissen ausplaudern. Verrat unter Geschwistern ist einfach unverzeihlich.

Eine Tüte Bonbons, ein Stift, ein paar Münzen – im Internat hat sie ihre Mitschüler einst bestohlen. Wie viele Jahre ist das her? Sie tat es, weil sie damals kreuzunglücklich gewesen sei, erklärte die Mutter ihr später. Jahre danach, längst hatte sie die gehasste Schule verlassen, schwärzte der Bruder seine Schwester großmäulig bei Freunden an. »Meine Schwester hat früher geklaut!«, erzählte er ihnen, um sich wichtig zu machen. Diesen Verrat hat sie ihm nie wirklich verziehen.

»Meine beiden schönen, klugen Schwestern waren herrliche weiße Schwäne, die stolz ihre Kreise zogen. Ich war ein dürftiger schwarzer Schwan, der sich hinter den weißen Schwänen versteckte. Von mir nahm damals niemand Notiz. Später habe ich mich auf eigene Füße gestellt und bin beruflich sehr erfolgreich geworden«, erzählt eine gut aussehende, vitale Vierzigerin. »Eigentlich wissen heute nur meine Schwestern, wie unglücklich ich als junges Mädchen war. Bei einer Abendeinladung haben sie es leider ausgeplaudert. Haben sehr witzig vor versammelter Mannschaft erzählt, wie hässlich und unbedeutend ich mich damals gefühlt habe. Sie haben sich auf meine Kosten prächtig amüsiert, und ich wäre vor Scham am liebsten unter den Tisch gesunken. Diesen Verrat nehme ich ihnen wirklich übel.«

Weil sie sich seit ewigen Zeiten kennen und jahrelang gemeinsam durch dick und dünn gegangen sind, können sich Geschwister nichts vormachen. Jedes winzige Augenzucken deuten sie zielgenau, jedes Hüsteln spricht für sie Bände, und sie ahnen schon, was der andere ausdrücken will, bevor er überhaupt ein Wort gesagt hat. Diese intimen Kenntnisse, über Jahre gesammelt und im Gedächtnis gespeichert, sind kostbares Insiderwissen. Keiner weiß so gut Bescheid wie sie. Noch Jahrzehnte später klammert dieses Wissen um tausend beglückende und bedrückende Kindheitserlebnisse Geschwister zusammen oder hält sie umgekehrt auseinander.

2.5 Soziales Training ein Leben lang

Hänsel und Gretel sind ein Ideal an Geschwisterlichkeit, ein Vorzeigepaar, märchenhaft in ihrem sozialen Verhalten. Hand in Hand gehen sie durch den düsteren Tann. Beschützen sich. Machen sich Mut. Wärmen sich. Teilen das Brot. Sie sind ein gutes Beispiel an Zuverlässigkeit, Einfühlungsvermögen und Hilfsbereitschaft. Leider können es wahre Geschwister selten mit Hänsel und Gretel aufnehmen und geben in der Regel kein Bild innigster Eintracht und harmonischen Miteinanders ab. Im normalen Leben ist brüderliches oder schwesterliches Zusammenleben eher unperfekt.

Die beiden Brüder haben sich lange nicht gesehen, sitzen mit Freunden in einer Kneipe, stecken die Köpfe zusammen und haben sich viel zu erzählen. Dass ihr älterer Bruder in diesem Moment kaum hundert Meter entfernt von ihnen unglücklich und angespannt allein in seiner Studentenbude hockt und einer Prüfung entgegenzittert, machen sie sich nicht klar. Ihn anrufen, fragen, ob er sich zu ihnen gesellen will? Beschäftigt mit sich selbst, kommt ihnen nicht die Idee, den Dritten im Bunde einzubeziehen. Ja, es sei nicht gerade einfühlsam gewesen, keinen Gedanken an ihn verschwendet und ihn ausgegrenzt zu haben, geben sie später zerknirscht zu. Der Jüngere sagt bedauernd: »Ich habe einfach nicht weit genug gedacht!« Beide nehmen sich vor, in Zukunft umsichtiger zu sein.

Wer das soziale Handeln von Brüdern und Schwestern verstehen will, muss die unterschiedlichen Verknüpfungen sehen, die ihre Verhaltensmuster bestimmen. Die ersten Fäden dieses Musters werden schon früh von den Eltern geknüpft: unzählige Verbindungen, die zwischen jedem einzelnen Geschwister sowie zwischen jedem Elternteil und dem Nachwuchs während der Kindheit gesponnen werden.

Die Beziehung zwischen Eltern und ihren Kindern hat die Wissenschaft längst gründlich ausgelotet, dabei allerdings lange Jahre außer Acht gelassen, dass das Miteinander des Nachwuchses für sich gesehen nicht minder dynamisch und in einem dauernden Wandel begriffen ist, ebenso bestimmt durch wechselnde Gefühle, durch Abgrenzung und Nähe. Die geschwisterliche Beziehung kriselt, fängt sich, verändert sich laufend – ein ewiges Auf und Ab, mal begleitet von kleinlichen, dann großzügigen, hilfsbereiten, intriganten Reaktionen, je nachdem und mitunter alles gleichzeitig. Dazu beleidigtes Schweigen, fröhliches Zupacken, unwirsches Schimpfen – die Gefühle fahren Achterbahn. Wenn Geschwister aufeinandertreffen, fliegen deshalb die Fetzen, fließen die Tränen und lachen die Augen. Ihr Verhalten untereinander und nach außen ist oft unberechenbar. Und welche Verhaltensmuster setzen sich schließlich durch?

Jeder orientiert sich in seinem sozialen Verhalten an den Spielregeln und den Werten, die zu Hause gelten. Dieses familiäre Wertesystem prägt auch das Wechselspiel der Geschwister untereinander, fördert oder verhindert zum Beispiel Solidarität oder Rivalität, Gemeinschaftsgefühl oder Individualismus.

Erste soziale Familienrituale werden bereits im Kleinkindalter eingeübt: ein Kuss zur Begrüßung oder ein Winken zum Abschied. Lernen Geschwister zu Hause, höflich und offen miteinander umzugehen, erwächst daraus auch die Bereitschaft, anderen Menschen wie Großeltern, Nachbarn, Freunden und später Kollegen freundlich zu begegnen. Geschwister können im Alltagsgeschäft zu Hause lernen, dass Streit nicht nur destruktiv sein muss, dass Kompromisse Sinn machen können und dass Auseinandersetzungen ein rhetorisches und soziales Schulungsprogramm sind.

*Die Leute streiten im Allgemeinen
nur deshalb, weil sie nicht
diskutieren können.*

Gilbert Keith Chesterton

Rückblickend auf die eigene Kindheit wird manchem erwachsen gewordenen Sohn, mancher Tochter bewusst, welche Werte in ihrem Dasein schon immer eine Rolle gespielt haben, welche Vorstellungen und Regeln den Geschwistern mitgegeben wurden und wie das geschah. Die Eltern lasen Märchen vor, wie die Geschichte von Aschenputtel und ihren Stiefschwestern. Sie redeten über »gut« und »böse«, schimpften, wenn der große Bruder der kleinen Schwester den Teddy klaute, und sie erklärten, warum es selbstverständlich ist, dass Bruder und Schwester gemeinsam den Tisch decken. Sie sprachen nicht nur über soziales Verhalten, sondern übten es ein: »Wenn wir nur noch ein Brötchen haben, aber zwei Kinder, die ein Brötchen essen wollen, was dann?« Oder: »Klar, dass jeder von euch bestimmen will, welches Fernsehprogramm angeschaut wird. Wie können wir uns einigen?« Oder: »Du bist gut in Mathe und kannst gut erklären. Er ist schlecht in Mathe. Was nun?«

Welche sozialen Lektionen lernen Geschwister außerdem in der Familie? Im besten Fall Rücksicht auf Schwächere zu nehmen, die Persönlichkeit und die Bedürfnisse anderer zu sehen und zu achten, Umsicht zu zeigen, auf Mitmenschen zuzugehen, zusammen mit anderen zu lachen, zu reden, zu streiten. Und Durchsetzungsvermögen zu entwickeln – um nur einige Posten aus dem Lernkatalog zu nennen. (Natürlich lernt ein Einzelkind diese Lektionen ebenfalls, aber zusammen mit Geschwistern wird ein Schnell- und Intensivkurs daraus.)

In vielen Familien wird außerdem von Brüderlichkeit und Schwesterlichkeit gesprochen, von christlicher Grundeinstellung und Nächstenliebe, und zwar über die Sonntagspredigt hinaus.

»Natürlich waren meine Geschwister für mich die echten Brüder und Schwestern, als ich noch ein Kind war«, erzählt eine alte Dame, die in einer kinderreichen Familie groß geworden ist. »Und ebenso selbstverständlich war es, füreinander einzustehen. Liebevoll, nachsichtig miteinander umzugehen. Neben der kleinen Einheit Familie habe ich aber schon immer die große Gemeinschaft wahrgenommen: die christliche Gemeinde. In den Menschen sah ich meine Mitbrüder und Mitschwestern. Mit ihnen wollte ich ebenso liebevoll umgehen wie mit meinen echten Geschwistern. Miteinander auskommen, sich gegenseitig respektieren – das sind die Richtlinien für mein Verhalten.«

Weil bestimmte Werte fest im Familienleben verankert sind, muss darüber nicht extra diskutiert werden. Es steht einfach fest, dass sich die Geschwister in bestimmten Situationen kümmern und dass sie sozialen Einsatz zeigen. Und wenn die innere Einstellung im Notfall auf dem Prüfstand steht, zeigt sich, ob sie trägt.

Manche Familien gleichen in unseren durch Wettkampf und Konkurrenz geprägten Zeiten allerdings eher einer Arena, in der man gegeneinander antreten und sich im Ellenbogenausfahren üben muss. Bei ihnen ist eher von Kampfsport als von sozialem Verhalten die Rede. Die Geschwister werden bewusst gegeneinander ausgespielt unter der Überschrift »Winner oder Loser – was willst du sein?«

»In meiner Familie wurde eisern Durchsetzungsvermögen trainiert. Beim Sport. Beim Spielen. Immer ging es um die Frage: Wer ist der Stärkere? Bloß kein Schwächling und Verlierer sein. Jeder musste, wollte, sollte stark sein. Ich erinnere mich an eine typische Szene: In der Küche wurde Kuchen verteilt. Ich war zuerst da, dann erst kam mein Bruder, der mich rüde zur Seite boxte und nach dem Kuchen grabschte. Ohne ein Wort zu sagen, ließ meine Mutter ihren Filius gewähren. Nicht er, sondern ich wurde zurechtgewiesen: ›Lass dir das nicht gefallen! Setz dich durch! Du musst um deinen Platz kämpfen!‹ Meine Kindheit war ein ewig währender Marathonlauf. Mit der Muttermilch habe ich dieses Leistungsdenken eingesogen. Heute muss ich mir Mühe geben, um nicht nur in Kategorien wie ›Erfolg‹ und ›Leistung‹ zu denken, sondern auch in sozialen Werten.«

Ein breites Spektrum sozialer Verhaltensweisen wird schon im Kinderzimmer geübt. Geschwister sind lernbegierig. Ulrich Diekmeyer, Entwicklungspsychologe aus München, sagt: »Wenn sie sich anders entwickeln als Bruder oder Schwester, zeigen sie damit nicht nur ›Ich bin anders und will anders behandelt werden‹, sondern auch: ›Ich möchte Neues entdecken und erkunden.‹ Lebensfelder, die noch nicht von den Geschwistern besetzt sind, versprechen neue spannende Erfahrungen.« (ELTERN for family, Heft 7, 2003)

Wen wundert es dann, dass die Schwester einer angepassten, höflichen 40-Jährigen ihre Nische bei schrillen, lauten Typen gesucht hat, die das Gegenteil dessen verkörpern, was sie zu Hause gewöhnt war. »Mir ging das ganze bürgerliche Getue mit schön gedecktem Tisch und Wohlanständigkeit in meiner Familie ziemlich auf den Wecker«, sagt sie. »Ich habe nach anderen Menschen gesucht, die extremer, intensiver, kreativer in ihrem Denken und Tun sind!«

Aber längst nicht alle Brüder oder Schwestern hatten in ihrer Kindheit und Jugend die Chance, Konflikte zu Hause offen anzusprechen und gemeinsam mit ihren Geschwistern nach Lösungen zu suchen, denn in vielen Familien sind Auseinandersetzungen verpönt, und Probleme werden lieber ungelöst unter den Teppich gekehrt.

»Bei uns zu Hause wurde nie gestritten. Streit war ein Tabu. Zanken – das tat man nicht. Und laut werden? Erst recht nicht: eine Katastrophe. Man hatte Wut und Ärger wegzustecken, beherrscht durchs Leben zu schreiten und sich anständig zu verhalten, innerhalb und außerhalb der Familie. Diese Leitsätze haben sich massiv auf unsere geschwisterliche Beziehung ausgewirkt: Wir gehen nicht gerade herzlich miteinander um, sondern eher vorsichtig, und umschiffen alle Reibungspunkte. Weil mir diese verkrampfte Art nicht liegt, mache ich einen Bogen um meine Geschwister«, erklärt eine junge Frau. »Ich tue wenig für sie, verhalte mich nicht gerade sozial!«

Selbst bei Brüdern und Schwestern, die vermeintlich unter gleichen Umständen groß werden, sind die Umweltfaktoren keine feste Größe, denn die Lebensbedingungen von Geschwistern sind unterschiedlicher als vermutet.

Schon während der Schwangerschaft werden Unterschiede deutlich. Wer sein erstes Kind erwartet, konzentriert sich ganz und gar auf die Schwangerschaft. Beim zweiten Kind fehlt dagegen meistens die Zeit, die Schwangerschaft in Ruhe zu genießen, mit dem Baby in spe zu sprechen. Eingebunden in einen anstrengenden Familienbetrieb, haben Eltern beim zweiten und dritten Kind mehr Arbeit und mehr Stress als beim ersten. Also bleibt weniger Zeit und Kraft für diese Kinder übrig.

Bei ihrem zweiten oder dritten Kind versuchen Mütter und Väter andererseits aber auch, die Fehler zu vermeiden, die sie beim ersten gemacht haben.

Gehen Eltern unterschiedlich mit ihren Kindern um – und das tun sie immer, allerdings meist unbewusst –, hat das lebenslange Folgen für Geschwister, denn sie greifen die von den Erwachsenen vorgegebenen Muster auf, richten ihr Verhalten daran aus und beeinflussen sich auch hier wieder gegenseitig in ihrem Handeln. Jede Familie ist ein ganz spezielles, kompliziertes Gespinst, ein hochkomplexes Gewebe verschiedener Verhaltensmuster, das jedes Kind in sein Erwachsenen-Dasein mitnimmt.

Er sei schrecklich verwöhnt und wenig belastbar, moniert der Ältere, der reichlich ruppig und rücksichtslos und sehr von oben herab mit seinem Bruder umgeht. Und warum dieses rüde Verhalten? Alte Eifersüchteleien rumoren in ihm. Erbost erzählt er, dass er zu Hause IMMER benachteiligt worden sei. Der Kleine wurde ihm deutlich vorgezogen, war Mamis lieber Knuddelbär. Auch jetzt, Jahrzehnte später, schafft er es nicht, sein Verhalten zu korrigieren, sondern bleibt abweisend und unfreundlich, obwohl er längst weiß, dass das Knuddelbär-Schicksal seinem Bruder in der Entwicklung mehr geschadet als genützt hat. Er verhält sich ebenso muffelig und abweisend, wie sich sein Vater gab, wenn er enttäuscht, müde, erschöpft oder unzufrieden mit sich und der Welt war.

Während der Kindheit und der Jugend bestimmen Eltern wesentlich mit, welche Position wer in der Familie übernimmt – oft ein folgenreiches »Rollenspiel«, das sich anschließend wie ein roter Faden durch das Leben zieht und das eigene soziale Verhalten wesentlich beeinflusst. Später kommen weitere Prägungen durch die Partner, neue Freunde und Kollegen dazu.

Ein Familienfest. Bei dem Fest kommt es zu einem Streit unter den Brüdern. Der Älteste solle nachgeben, bittet die ältere

Schwester. »Um des lieben Friedens willen!« Der Jüngere, längst erwachsen, beharrt wie schon als Knirps auch heute noch darauf, mit Sturheit am besten zum Ziel zu kommen, und rückt keinen Deut von seinem Standpunkt ab. Dass ihr Streit die Stimmung trübt, scheint keinen der beiden Brüder zu interessieren. »Wie früher!«, stellen ihre Schwestern fest. Als es ans Aufräumen geht, verkrümelt sich die kleine Schwester, inzwischen längst über vierzig. »Auch das ist noch wie früher!«, stellten ihre Geschwister lapidar fest.

»Mir wurde zu Hause, in einer Familie mit drei Kindern, als Ältester und als Mädchen die Aufpasserrolle zugeschustert und die der Fürsorglichen«, erzählt eine junge Frau, die nicht gerne an ihre Kindheit zurückdenkt. »Ich war immer verantwortlich für meine Brüder! Jahrelang habe ich diese Rolle auch gewissenhaft ausgefüllt und über die Familie hinaus gespielt: In der Schule war ich Klassensprecherin, habe einen sozialen Beruf ergriffen und war bald im Betriebsrat und in meiner eigenen Familie immer die Vernünftige, die ein Auge darauf hat, dass auch alle anderen einigermaßen gut funktionieren. Irgendwann wurde ich krank, habe eine Therapie gemacht und anschließend die Rolle der immer Pflichtbewussten gekündigt. Ohne sie geht es mir besser! Meine Familie sagt abfällig, ich sei egoistisch geworden und auf Selbstverwirklichungstrip!«

Wer Geschwister im Umgang miteinander beobachtet, nimmt das Verhalten wahr, das offen zutage tritt: ihre Fürsorglichkeit, ihre Aggressionen, ihre Rücksichtslosigkeit, ihr Einfühlungsvermögen – je nachdem. Die sichtbaren Verhaltensweisen sind jedoch nur ein Teil der Wahrheit, denn Menschen zeigen im Umgang miteinander nicht alles, was ihnen durch den Kopf geht und was sie fühlen. Oft verstellen sie sich, auch und gerade im Umgang mit Familienmitgliedern, um gefährliche Konflikte zu umschiffen.

Ob Brüder und Schwestern gut oder nicht ganz so gut miteinander auskommen und umgehen, ist auch von ihrem Geschlecht abhängig. Das Verhältnis zu Geschwistern gleichen Geschlechts wird positiver gesehen als das zu Geschwistern das anderen Geschlechts.

Wer mit Schwestern spricht, bekommt zu hören: »Geh mir weg mit Brüdern – wir Schwestern stehen uns viel näher, reden viel intensiver miteinander.« Die Beziehung zwischen Schwestern ist meist durch Nähe, Offenheit und häufige Gespräche mit regelmäßigem Erfahrungsaustausch gekennzeichnet, vor allem natürlich bei einem geringen Altersunterschied. Alle Lebenserfahrungen werden mitgeteilt, jede Gefühlsregung besprochen. Fast seismographisch spürt die eine, was in der anderen vor sich geht.

Und umgekehrt sagen Brüder häufig: »Unter Brüdern haben wir mehr Spaß, verstehen uns ohne viel Worte und wissen mehr miteinander anzufangen.« Brüder gehen in der Regel ganz handfest miteinander um und bestärken sich gegenseitig in ihrer Männlichkeit. Für viele zählt noch immer: bloß keine Schwäche zeigen und in den Verdacht geraten, ein Weichling zu sein.

Allerdings verändern sowohl Brüder als auch Schwestern

ihr Denken und ihr Handeln zunehmend. Neue Umgangsformen sind zu sehen, neue Umgangstöne zu hören.

Als älteste Tochter berufstätiger Eltern hat sie zu Hause
frühzeitig Verantwortung für ihre Brüder übernommen. Sie
und kein anderer war dafür zuständig, dass Brot für das
Abendessen besorgt, die Wäsche sortiert und der Hund ge-
füttert wurde. Und weil sie ihren eigenen Krempel auch
noch zu erledigen hatte, weigerte sie sich irgendwann, diese
typische Große-Schwester-Rolle auf Dauer zu übernehmen. Immer häufiger nahm sie ihre Brüder in die Pflicht.
Die Jungen wehrten sich zuerst vehement, dass sie plötzlich
mehr als das übliche Mülleimerausleeren zum Haushalt beitragen sollten. Als die Schwester jedoch nicht lockerließ,
lernten die Jungen kochen, waschen, bügeln und noch einiges mehr. »Ich habe das Organisieren gelernt«, erklärt die
große Schwester, die inzwischen nicht mehr zu Hause lebt.
»Davon profitiere ich heute in meinem Beruf. Ich kann ein
Team zusammenhalten und motivieren. Und umgekehrt haben auch meine Brüder einen Vorteil davon, dass ich sie in
die Pflicht genommen habe. Sie sind ziemlich gut in sozialem Verhalten. Sie haben kapiert, dass Schwestern keine
kostenlosen häusliche Dienstleister sind!«

Ab und zu denkt jedes Geschwisterkind, der Bruder oder
die Schwester werde von den Eltern mehr geliebt und habe
damit eine bessere Ausgangsposition im Leben. Ob wirklich oder eingebildet, solche Vorstellungen dämpfen das eigene Selbstwertgefühl und beeinflussen darüber hinaus die

Einstellung zu den Geschwistern: Der Bruder wird zum üblen Rivalen erklärt, mit dem man nicht zimperlich umspringen muss, oder die Schwester zum raffgierigen Biest, das man deshalb ruhigen Gewissens austricksen darf.

»Ich habe mich früher als jüngstes von drei Kindern immer als fünftes Rad am Wagen gefühlt«, erzählt ein junger Mann. »Wenn wir beispielsweise mit meinem Vater in den Zoo gingen, hing meine Schwester an der rechten, mein Bruder an der linken Hand meines Vaters, und ich trottete als überflüssiges Anhängsel hinterher. Später haben meine Geschwister mit ihren Familien eine Wohngemeinschaft gegründet. Selbstverständlich ohne mich. Das war eine harte Geschichte, die mich bis heute verfolgt und belastet. Vielleicht tue ich mich deshalb so schwer, vertrauensvoll auf Menschen zuzugehen. Ich habe nur wenige soziale Kontakte und bin kein Meister im Umgang mit anderen!«

Bewahren Geschwister eine einigermaßen ausgeglichene Beziehung, in der sich niemand überfordert oder benachteiligt fühlt, kann sich aus der natürlichen Konkurrenz zwischen ihnen ein fruchtbares Lernfeld entwickeln, das lebenslang Früchte trägt. Die Familie kann mit dem älteren Bruder als Coach und der jüngeren Schwester als provokanter Herausforderin ein ideales soziales Trainingscamp sein. An Dynamik und Zündstoff besteht hier kein Mangel. Wer zusammen mit seinen Geschwistern die wichtigsten Lektionen in sozialem Verhalten gelernt und trainiert hat, ist gut gerüstet für das Leben.

Einzelkinder – schlechter vorbereitet auf das Leben?

Auch wenn es schon längst erwachsen ist, hängen manchem Einzelkind die alten Vorurteile noch im Kopf – Meinungen wie: Einzelkinder seien verzogene Gören und Egomanen von Anfang an, weil ihnen zu Hause kein soziales Trainingslager geboten werde und keine Geschwister als Sparring-Partner parat ständen usw. Die Einzelkind-Forschung widerspricht: Einzelkinder kommen im Leben ebenso gut klar wie Geschwister. Und warum? Wichtige Ergebnisse der Einzelkind-Forschung:

Wer als Einzelkind aufwächst, wird wahrscheinlich früher und länger als ein Geschwisterkind in einer Krippe, einem Kindergarten oder einem Hort betreut, weil beide Eltern berufstätig sind. Hier findet es Freunde und seine sozialen Übungsfelder und lernt das Teilen, Abgeben, Streiten und Vertragen in der Gruppe.

Ein Einzelkind nimmt sich, weil keine anderen Bezugspersonen vorhanden sind, vor allem seine Eltern als Vorbilder für Toleranz, Einfühlungsvermögen und Höflichkeit und lernt von ihnen soziales Verhalten. Mutter und Vater haben mehr Zeit für ihr Kind als in einer großen Familie und kümmern sich deshalb intensiver, lesen häufiger vor, planen gemeinsame Ausflüge. Von dieser intensiven Zuwendung profitiert ihr Kind.

Außerdem kommt ihm in seiner Entwicklung zupass, dass es frühzeitig lernt, flexibel zu sein und zu improvisieren: Einzelkinder besuchen ihre Freunde häufiger, übernachten bei und verreisen mit ihnen. Sie müssen sich auf eine Tagesmutter einstellen, auf einen Hort. Ihr Horizont reicht frühzeitig über die Familie hinaus.

Wer als Einzelkind aufwächst, wird später genauso selten oder häufig zu einem verwöhnten, egoistischen Wesen wie ein Geschwisterkind. Entscheidend ist der elterliche Erziehungsstil, und der unterscheidet sich nicht zwangsläufig von dem, der in einer Geschwisterfamilie praktiziert wird. Lehnen Eltern übergroße Verwöhnung ab und halten sich an ihre eigenen Vorgaben, wird weder ein Einzelkind noch ein Geschwisterkind übermäßig verwöhnt.

Ein Einzelkind will auch nicht öfter als andere Kinder im Mittelpunkt stehen, das große Wort führen und den Bestimmer mimen. Regeln Geschwister untereinander ihre Händel und spornen sich zu sozialem Verhalten an, übernehmen Eltern und Freunde diesen Part bei einem Einzelkind. Sie schalten sich intensiver ein und sind der nötige Widerpart.

2.6 Die längste Beziehung des Lebens

Sie wird bald hundert Jahre alt und erinnert sich noch an den Ersten Weltkrieg. Sie kann erzählen, wie das war, als sie mit ihrem Bruder Karl auf der kleinen Steintreppe vor dem Haus saß und ihr Vater aus dem Krieg kam, grau im Gesicht, spindeldürr. An ihrer Wand hängt heute noch der

Passierschein, der es dem Kürassier erlaubte, nach Hause zu ziehen. Und obwohl ihr Bruder Karl schon lange tot ist, ist ihr Lieblingsbruder noch immer bei ihr. Seit neunzig Jahren begleitet er sie durch ihr Leben. Inzwischen wandert er mit ihr durch ihre Erinnerungen. »Für mich lebt er weiter!«

Brüder und Schwestern sind anhänglich. Weil sie parallel zu ihren Geschwistern leben (nur um ein paar Jahre versetzt), beobachten sie alle wichtigen Weichenstellungen in deren Leben in der Regel hautnah und interessiert. Sie erleben die ganze Biografie mit: die Einschulung, den Übertritt aufs Gymnasium, Kommunion, Tanzstunde, Hochzeit, Scheidung … Immer sind sie dabei – wie ein Schatten, der mitunter sogar zaubern kann. Denn oft finden sie in ihrer Erinnerung, was die Geschwister in ihrem Gedächtnis längst verloren haben. Auf diese Weise können vergangene Erlebnisse wieder lebendig werden: Gerüche, Bilder, Geräusche. Brüder und Schwestern sind oft ein wandelndes Archiv, in dem unzählige »Weißt-du-noch-Geschichten« gespeichert sind. Wenn in einer Unterhaltung von Duftrosen die Rede ist, haben sie sofort und gemeinsam die dicken, gelben Rosen aus dem Garten der Großeltern vor Augen. Und wenn die Sprache auf alte Volkslieder kommt, haben sie ein mit liebevollen Bildern illustriertes Liederbuch vor ihrem inneren Auge – das Buch, in dem sie als Kinder hundertmal gemeinsam geblättert haben.

Doch Geschwister haben mehr zu bieten als eine Fülle alter Geschichten. Da sie ihre Lieben so lange kennen, wissen sie besser als andere, mit welchen Zielen der kleine Bruder oder die große Schwester einst angetreten sind, was sie sich vom Leben versprochen haben, und sie verfolgen ihre Entwicklung meistens akribisch. Mit ihrer genauen Beobachtungsgabe und ihrem Wissen spüren sie Verdrängungen auf und halten sich gegenseitig den Spiegel vor.

»Ich beklage mich bei meinem Bruder darüber, dass meine Kinder für die Schule nichts tun. ›Nie lernen sie ihre Vokabeln!‹ Statt in mein Lamento einzustimmen, sagt er nur ganz trocken: ›Vielleicht erinnerst du dich daran – es mag dreißig Jahre her sein –, dass du gar nichts für die Schule getan hast. Keine Hausaufgaben. Keine Vokabeln lernen. Fremdsprachen waren überhaupt nicht dein Ding!‹ Wer außer meinem Bruder weiß heute noch, mit welcher Einstellung ich einst in die Schule marschiert bin und was ich zu Hause in puncto Hausaufgaben getan oder gelassen habe? Niemand!«

Geschwister erleben außerdem zusammen ein Stück Zeitgeschichte, wichtige gesellschaftliche Veränderungen. Oft beobachtet kein anderer so genau, wie sich diese Entwicklungen im Leben des Einzelnen ausprägen und Einfluss nehmen. Im Beruf zum Beispiel oder im Freundeskreis. Und weil sie diesen Überblick über die persönlichen und allgemeinen Veränderungen haben, können Geschwister daran anknüpfen, miteinander darüber reden, sich gegenseitig anregende Impulse geben und sich dank dieses Wechselspiels gemeinsam weiterentwickeln.

Werden Geschwister miteinander alt, finden sie dank ihres Langzeitgedächtnisses immer mehr Erinnerungen an gemeinsame, längst vergangene Erlebnisse wieder. Die gemeinsame Spurensuche, das Gedächtnispuzzle, die gegenseitigen Anregungen – alles zusammen ist Teil ihrer lebenslangen Bindung.

2.7 Zusammenspiel ohne Regeln

Obwohl sie eine so große Rolle spielen für die Entwicklung und das Wohlgefühl des Einzelnen, gibt es für Geschwisterbeziehungen keine überlieferten Regeln oder speziellen Rituale, nach denen sie sich auszurichten hätten. Nichts, was privaten Bräuchen oder offiziellen Verfahren bei anderen menschlichen Verbindungen entspräche. Man kann sich von seinem Bruder nicht förmlich scheiden lassen, und es gibt unter Geschwistern auch keine verpflichtenden Beitrittserklärungen wie im Sport- oder Kegelverein. Eigentlich könnte man sich seinen Brüdern und Schwestern gegenüber also je nach persönlicher Stimmung verhalten und sie einfach abhaken, wenn einem nicht danach ist, ihre Freuden oder Probleme zu teilen.

Wieso springen Geschwister trotzdem fast alle und immer füreinander ein und sind sofort zur Stelle, wenn einer von ihnen in Not gerät? Nach Ansicht der Forscher gibt es unter Geschwistern so etwas wie ein ungeschriebenes Gesetz, eine tief empfundene Loyalität, die sie zu solidarischem Verhalten veranlasst. Ob zerstritten oder nicht – es wäre ein schwerer Verstoß gegen dieses Gesetz, den Bruder oder die Schwester in schwierigen Situationen alleinzulassen. Gerade die Selbstverständlichkeit und Verlässlichkeit, mit der Geschwister bei Bedarf tröstend, helfend oder zupackend einspringen würden, bildet für viele so etwas wie ein Sicherheitsnetz, auf das sie sich ein Leben lang verlassen können.

Was ein Mensch macht und tut, was er fühlt und denkt, wie er mit Partner und Kindern umgeht, wie er sich im Beruf gibt, wie er Freunde findet oder auch nicht, was ihn interessiert oder kaltlässt – alles zusammen ist wesentlich mehr von Brüdern und Schwestern beeinflusst, als man angenommen hat, sagen Geschwisterforscher.

3. Geschwisterkonstellationen – so prägend, wie es heißt?

Geschwister: gleiche Familie, ähnliche Lebensbedingungen, und trotzdem entwickeln sich Geschwister meistens recht unterschiedlich. Warum? Weil jedes Kind eine ganz bestimmte Position in dem Familiengefüge hat und oft bestimmte Rollenerwartungen an diese Position geknüpft sind.

Weil es taktisch ungeschickt wäre, sich beim Kampf um die elterliche Zuwendung und Liebe in der gleichen Rolle zu profilieren wie die eigenen Geschwister, will jedes Kind, egal ob noch klein oder längst erwachsen, die ihm vom Schicksal zugeschusterte Position nach eigenem Gusto gestalten. Wer auf der Suche nach seiner Nische ist, muss sich mit Klischeevorstellungen darüber auseinandersetzen, welche Eigenschaften und Verhaltensweisen üblicherweise das älteste, das mittlere oder das jüngste Kind in einer Geschwisterreihe auszeichnen. Diese Klischees können als Anreiz dienen, intensiver über die eigene Position in der Familie und gleichzeitig über die Rollen der Geschwister nachzudenken.

3.1 Die große Schwester – pflichtbewusst

Bei vielen Großen entsteht der feste Wille, sich durch den Verlust der attraktiven Einzelkindposition nicht unterkriegen zu lassen. Schwestern strengen sich besonders an, so das Klischee. Große Schwestern machen sich gerne beliebt: Sie sorgen zu Hause für Ordnung, wollen unentbehrlich sein. Ihren ermatteten Eltern käme dieses schwesterliche Verhalten gerade recht, heißt es, denn sie nähmen ihre vernünftige »Große« gerne als Aufsichts- und Dienstpersonal in Anspruch. Nicht wenige große Schwestern verinnerlichen diese Helferinnen-Rolle und sorgen sich ihr Leben lang um Gott und die Welt.

Sie erinnert ihren kleinen Bruder, der längst seinen dreißigsten Geburtstag gefeiert hat, nicht nur zuverlässig an den Muttertag und die hohen Erwartungen ihrer gemeinsamen Mutter an diesen Tag, sondern räumt dem armen Kerl, der sie eigentlich nur zum Blumengießen geordert hatte, in seiner Abwesenheit fix sein Wohnzimmer um und empfängt ihn nach seiner Urlaubsreise begeistert: »Überraschung! Gefällt dir dein Zimmer? Sieht besser aus als vorher!« Was für ein Glück, dass dem Dreißigjährigen die Einrichtung seines Wohnzimmers ziemlich schnuppe ist. So kann er die schwesterliche Attacke unter der Überschrift abbuchen: »Typisch Schwester! Immer muss sie alles regeln und kontrollieren, überall ihre Finger im Spiel haben!« Er verkraftet ihre Macken mit Humor und tut, als sie wieder aus dem Haus ist, wieder das, was ihm passt.

Große Schwestern geben sich gerne dominant und verteidigen eifersüchtig ihre Pfründe. Auch außerhalb der Familie kümmern sie sich einsatzbereit um alles und jeden. Sie lassen sich zu Klassensprecherinnen wählen, übernehmen Verantwortung in einer Jugendgruppe und helfen bei Gemeinschaftsaktionen im Wohnviertel.

3.2 Der Kronensohn – prächtig und stark

Männer müssen auch heute noch groß und stark sein, Erstgeborene erst recht, so jedenfalls die Vorstellung. Stark, mutig, wendig – große Brüder haben ganze Kerle zu sein, schließlich gelten sie von Beginn an als Thronfolger. Sie sind das Führungspersonal zu Hause und Vorbild für ihre jüngeren Geschwister.

»Ich wusste von Anfang an, dass mein Vater sich einen zupackenden Sohn wünschte, ein praktisches, kräftiges Bürschchen, das mit Hammer und Säge umgehen kann. Automatisch habe ich mich dann auch in diese Richtung entwickelt. Ich habe gar nicht darüber nachgedacht, welcher Beruf für mich infrage käme, sondern habe ganz selbstverständlich einen handwerklichen Beruf ergriffen. Vielleicht wäre ich mit einem anderen Beruf glücklicher geworden. Erst jetzt, inzwischen fünfzig Jahre alt geworden, stelle ich mir diese Frage. Aber nun kann ich es mir sparen, eine Antwort zu suchen.«

Erstgeborene gleichen Einzelkindern, denn beide Positionen sind Sonderposten. Sowohl ein Einzelkind als auch ein Erstgeborenes hat Mutter und Vater für sich allein und wird deshalb von beiden intensiv gefördert. Vor allem die Mütter kümmern sich besonders intensiv um ihren Kronensohn. Und weil diese besondere Förderung Früchte trägt, haben die Älteren intensivere geistige Interessen als ihre jüngeren Geschwister, glauben viele.

Ein 34-Jähriger bestätigt dieses Klischee: »Passt zu meiner Lebensgeschichte: Ich habe bereits unglaublich früh sehr viel mit meiner Mutter geredet, beim Spielen, beim Essen, beim Autofahren … immer. Kein Mensch hat uns dabei gestört. Dass wir viel zusammen gemacht haben, ist in meinem Gedächtnis gespeichert, auch wenn ich mich konkret an meine ersten Jahre als Einzelkind kaum erinnere. Diese anfängliche Intensivphase hat Spuren hinterlassen. Noch heute rede, schreibe, diskutiere ich gerne und ausgiebig – auch mit meiner Mutter. Meine Geschwister sind zurückhaltender.«

Die Ältesten zeichnen sich auch außerhalb der Familie durch ein besonderes Verantwortungsgefühl aus. Vielfach sind sie leistungsbereiter, gewissenhafter und interessierter als ihre jüngeren Geschwister.

Erstgeborene sind aber auch schwieriger als ihre Geschwister, weil ihre Eltern bei ihrer Ankunft noch voller Zweifel und Unsicherheit sind und diese Unsicherheit auf ihr Kind übertragen. Doppelt schwierig wird es für die Kronprinzen, wenn ein neues Baby kommt. Viele erste Kinder können wirklich ein Lied davon singen, wie schwer es ihnen einst fiel, den kleinen Bruder oder die kleine Schwester zu akzeptieren.

3.3 Das Sandwichkind – ewig vermittelnd

Wer ein jüngeres und ein älteres Geschwister um sich hat, sitzt in der Klemme: vor sich ein Wesen, das seine Privilegien als Erstgeborenes hütet, nach ihm eins, das sich besondere Freiheiten gönnt. Die Mittleren fühlen sich in ihrer Geschwisterreihe lebenslang von oben und unten zusammengedrückt wie ein Sandwich.

Eine 58-Jährige bestätigt diese Vorstellung. »So erging es auch mir und meiner Ursprungsfamilie: Meine Schwester war die Prinzessin zu Hause und Mamis große Vertraute. Mutter und Tochter hatten immer etwas zu wispern, weiß der Himmel, was. Mein jüngerer Bruder hat sich um nichts geschert und war nur mit seinen Freunden unterwegs. Ich war die Unkomplizierte in der Mitte, die hin- und hersprang zwischen meinen Geschwistern, die miteinander im Clinch lagen, und meinen Eltern, die sich gegenseitig Knüppel zwischen die Beine schmissen und ständig zankten. Meine Rolle war es, den Friedensengel zu spielen und zwischen allen Parteien zu vermitteln. Das war jahrelang ein Fulltime-Job zwischen den Fronten. Und einer, den ich bis heute nicht losgeworden bin. Obwohl ich 800 Kilometer von meiner Sippe entfernt wohne, bin ich immer noch als Vermittler in stundenlangen Telefongesprächen gefragt. Ob ich diese Rolle jemals wieder loswerde? Ich müsste wohl eine Therapie machen, um das zu schaffen.«

Die Mittleren müssen Mutter und Vater teilen. Der Erste hat die Eltern dagegen in seinen ersten Lebensjahren eine Weile für sich und das letzte Kind, wenn die Großen aus dem Haus sind. Deshalb seien die in der Mitte immer ein bisschen beleidigt: »Ich bin ja nicht wirklich wichtig!« Oder sie seien auf dem Absprung: »In meiner Familie werde ich nicht wirklich wahrgenommen!« Zum Klischee des Mittelkindes gehört unbedingt, dass ihm im Familienalbum der wenigste Raum zugestanden wird.

3.4 Das Jüngste – kreativ und verwöhnt

Der »Babybonus« der Letztgeborenen habe, so wird oft behauptet, auch seine Tücken.

Hineingeboren in eine Hase-und-Igel-Situation haben die Kleinen oft mit ihren Vorreitern besondere Probleme. Sie können sich anstrengen, wie sie wollen, mindestens einer ist immer vor ihnen da: einer, der alles besser weiß, der alles besser kann – ein Kreuz! Vor allem hat dieser Typ das, was man gerne selber hätte, doch es ist eine aussichtslose Sache, dem Thronfolger diese Rechte streitig machen zu wollen. Keine Chance, Platz 1 in der Familienrangfolge zu erobern. Deshalb schauen Nachzügler mit gemischten Gefühlen hinter den Älteren her. Wenn der Hase immer schon da ist, welche Chance hat dann der Igel, je ans Ziel zu kommen? Weil das ältere Geschwister unschlagbare Vorteile hat, sinnen Nachgeborene auf Auswege. Sie grenzen sich bewusst von den Vorgängern ab und versuchen, das Leben neu zu erfinden, nach dem Motto: »Ich mache alles anders!« Deshalb schauen sie sich um, offen für neue Menschen, für neue Ideen. Nachgeborene seien in der Regel kreativer, aufgeschlossener und flexibler als ihre Vorhut, heißt es. Nachkömmlinge müssen von Anfang an improvisieren, um mit dem Rest der Familie mithalten zu können. Um sich an die Spitze zu katapultieren, sind manche wagemutig, risikofreudig und entwickeln das Zeug zum Revoluzzer.

Zwei große Schwestern und zwei große Brüder jahrelang als Lehrmeister vor sich zu haben sei verflixt anstrengend, sagt er. Er mag sich nicht mehr von ihnen vorschreiben lassen, welche Turnschuhe genehm sind und welche nicht. Welche Haarfrisur tragbar und welche unmöglich. Welches Studienfach erfolgversprechend und welches nicht. Als ihm die Bevormundungen reichen, geht er auf Abstand zu seiner Familie, studiert fröhlich im Ausland und zeigt seinen Lieben zu Hause, wo es langgeht. Er tut Dinge, die noch keiner vor ihm in dieser Familie getan hat. Mit 22 gründet er eine Firma, organisiert Messen und spielt in der Uni auf Risiko: »Ich denke gar nicht daran, mich durch Anwesenheitslisten in die Pflicht nehmen zu lassen, und werde das Studium trotzdem schaffen!« Er hat seine Schiene gefunden. Auf der läuft kein anderer aus der Familie. Solch einen Aktivbolzen gab es vorher noch nie.

Ein anderes Bild, das viele im Kopf haben, wenn sie nach der Rolle gefragt werden, die Jüngste in der Familie spielen: In Liebe eingewickelt liegen sie wie die Made im Speck zwischen ihren älteren Geschwistern. Mitten im Nest schlummern sie, die Geschwister wie einen Schutzwall um sich herum. »Sie baden in Urvertrauen«, wurde bei einer Befragung geäußert.

Wer weiß, dass er der Letzte in der Geschwisterreihe ist, kann aufatmen, heißt es. Keiner mehr in Sicht, der ihm seine besondere Position streitig machen könnte, denn das Familiengefüge ist festgezurrt. Jeder hat seinen Platz gefunden.

Eltern gehen mit ihrem dritten oder vierten Kind gelassener um, aber auch uninteressierter. Es finden seltener Auseinandersetzungen über gesunde Ernährung, schädliches Fernsehen und sinnvolles Bücherlesen statt. Dem jüngsten Kind wird lässig zugestanden, verspielt und unvernünftig zu sein, nicht zuletzt, weil es möglichst lange Mamas kleines Spätzchen bleiben soll. Das sagen – auf einen Nenner gebracht – ältere Geschwister häufig, wenn sie nach dem Jüngsten gefragt werden. Weil sie so viele Freiheiten haben, wissen die Jüngsten allerdings manchmal nicht so genau, wo es langgeht.

Das Nesthäkchen strahlt im Gegensatz zum Mittelkind typischerweise aus tausend Fotos, wird nach allen Regeln der Kunst verwöhnt und behütet, muss kaum Aufgaben übernehmen und kann unbeschwert auf den Wegen gehen, die seine Geschwister schon gebahnt haben.

3.5 Die kleine Schwester – einfach süß

Welche Rollen bieten sich kleinen Schwestern an, wenn sie es mit großen Geschwistern aufnehmen müssen?

Kleine Mädchen sollen immer noch hübsch und niedlich sein. Viele Eltern und Geschwister sehen im kleinen Schwesterchen gerne eine reizende Prinzessin, ihr Augenscheinchen. Die Vorstellung, dass manche kleine Schwester keinen Spaß daran haben könnte, lieb und hübsch zu sein, ist vielen fremd.

Als kleines Mädchen wurde sie von ihrer Mutter herausgeputzt und von ihrem Vater und ihren Brüdern bewundert. Schon frühzeitig erntete sie rundum bewundernde Blicke, entsprach sie doch genau dem Bild eines kleinen Mädchens, das sich viele wünschen: blond, blaue Augen, meistens lachend. »Ich habe mein Leben lang die Rolle des kleinen süßen Mädchens durchgehalten«, sagt eine Sechzigjährige, die immer noch das kleine Schätzchen mimt.

Ältere Geschwister, vor allem Brüder, wollen oft die Beschützer ihrer kleinen Schwester spielen und nehmen die Kleine nicht wirklich ernst, schildern viele und meinen, kleine Schwestern seien deshalb meistens ein wenig ziellos und zu verspielt.

3.6 Der kleine Bruder – witzig und verwöhnt

Natürlich hecheln kleine Söhne hinter den Großen her, immer auf dem Sprung, sie einzuholen. Was zeichnet Nachkömmlinge darüber hinaus aus?

Kleine Brüder machen es sich im Windschatten ihrer älteren Geschwister oftmals zu bequem, ihnen wird nichts zugemutet, häufig alles Lästige abgenommen, bekommt man zu hören, wenn man nach ihrer speziellen Rolle fragt. Und oft wird auch auf die Folgen von solch üppiger Verwöhnung hingewiesen: Noch als Erwachsener bittet mancher Überverwöhnte seine Geschwister um Hilfe, wenn er Ärger mit der Krankenkasse hat oder ein Auto kaufen muss!

»Eigentlich bin ich ein ziemlich fauler Sack, habe immer nach meinen Geschwistern gebrüllt, wenn es etwas zu tun gab, was mir nicht behagte«, erzählt ein fröhlicher 42-Jähriger, der aus hellwachen Augen lacht. »Jahrelang trabten die Geschwister prompt an und halfen mir auf die Sprünge, wenn ich nur piepste. Inzwischen haben sie es satt, mir zu helfen. Ich solle nicht so schrecklich pomadig sein, hat meine Schwester vor ein paar Tagen gesagt. Das bedeutet wohl, dass ich langsam in die Gänge kommen und für mich selbst sorgen muss.«

Kleine Jungs, witzig und schlagfertig, spielen gerne den Clown. Charmant und prahlerisch wickeln sie andere um den Finger. Schon als Minis an ein dankbares, größeres Familienpublikum gewöhnt, das über ihre Mätzchen lacht, füllen sie ihre Rolle als Spaßvogel aus und kultivieren sie. Sie wollen ein Leben lang Applaus für ihre Kasperlekunststücke einheimsen. Außerdem neigen sie dazu, jede Schuld abzuwälzen – auf die großen Geschwister natürlich. Das klingt alles sehr kommod, lebt sich aber nicht immer ganz so leicht.

Ein Bruder, der fünf große Schwestern über sich hat, bestätigt diese weit verbreitete Meinung: »Ich bin der Kasper zu Hause, zuständig für gute Laune«, berichtet er. »Schon als Kind spielte ich den dummen August zu Hause. Wenn ich mal ernsthaft reden will, schauen mich alle an, als sei ich krank. Keiner in meiner Familie nimmt mich wirklich ernst.«

Dass Nachkömmlinge selten das Gefühl haben, zu kurz zu kommen, wird von der Forschung übrigens den älteren Geschwistern zugeschrieben, die den mangelnden Einsatz der Eltern ausgleichen.

Nehmen Sie die Menschen, wie
sie sind, andere gibt's nicht.
Konrad Adenauer

3.7 Warum Rollenklischees selten stimmen

Sind diese Rollenklischees haltbar? Manche werden von der Wissenschaft gelten gelassen, andere nicht.

Was geschieht aus Sicht der Forscher, wenn ein erstes Kind entthront wird?

»Ein Marder! Ein Marrrrder!« Noch nach 47 Jahren wird bei Familientreffen erzählt, wie der zweijährige Stephan auf seinen neugeborenen Bruder Andreas losging, den Spielzeughammer in der Faust, um den scheußlichen Eindringling zu vertreiben. So braun und struppig sahen schließlich die Biester aus, auf die die Erwachsenen abends im Hinterhof Jagd machten.

»Sie muss es schön warm haben!« Sabine, damals drei Jahre alt, tat sehr besorgt und deckte ihre winzige Schwester Luise so gründlich mit Kissen und Tüchern zu, dass nichts mehr von dem Baby zu sehen war – und bis auf ein schwaches Quieken auch nichts mehr zu hören.

»Ich weiß noch, wie es war, als der Neue kam. In den Armen meiner Mutter lag ein knallrotes, zerknautschtes Etwas, ein mächtiger Krawallmacher, um den meine Eltern ein Riesentamtam machten. Daran erinnere ich mich schmerzlich. Zum ersten Mal hatte ich Liebeskummer!« Noch heute kann die Erzählerin beschreiben, wie sich dieser Kummer anfühlte: »Wie Schmetterlinge im Magen, aber keine bunten, fröhlich flatternden, sondern dunkelgraue Motten!«

Viele Menschen erinnern sich noch Jahrzehnte später sehr genau an die Gefühle, mit denen sie als Erstgeborene dem neuem Familienzuwachs begegneten. Und wenn sie selbst es nicht mehr wissen, hilft gewöhnlich die Verwandtschaft nach, wobei die Geschichten von Mal zu Mal skurriler und komischer werden. Nur ist es für die meisten Kleinen überhaupt nicht komisch, die Liebe und Aufmerksamkeit der Eltern plötzlich mit einem Winzling teilen zu müssen, der nicht nur die gewohnte eigene Poleposition gefährdet, sondern obendrein Begeisterungsstürme erntet für sein Gestrampel, sein Geschrei oder einen kaum sichtbaren Zahn, während man als »Großer« auf einmal brav, vernünftig und rücksichtsvoll sein soll.

Alfred Adler, Freud-Schüler und Begründer der Individualpsychologie, nahm vor fast 100 Jahren als Erster den Zusammenhang zwischen Geburtsrangplatz und Persönlichkeitsentwicklung ins Visier. Für das ältere Geschwister – so Adlers Theorie – sei die Ankunft des nächsten ein Schock, ein »Entthronungstrauma«, begleitet von manchmal lebenslang anhaltenden Gefühlen wie Neid, Eifersucht und Ablehnung, wenn nicht sogar Hass. Hier, in diesem Erleben, liegen nach Meinung der traditionellen Psychoanalyse die Wurzeln geschwisterlicher Rivalität und die Ansätze der unterschiedlichen Wesensbildung: Um seinen Stand neben dem Neuankömmling zu behaupten und das Wohlwollen der Eltern zu behalten, entfalte sich der Erstling in der Geschwisterreihe zu einem gewissenhaften, konservativen, disziplinierten Typ, der oft verantwortungsbewusst und sozial engagiert sei. Der Zweite, gezwungen, im bereits bestehenden Familienverbund einen Platz zu erobern, entwickelt dem herkömmlichen Schema zufolge freiere, flexiblere Züge, ist aufgeschlossen und risikofreudig, jedoch auch aufsässig. Und der letzte Spross schließlich wird häufig zum leicht verletzlichen, etwas verrückten und unberechenbaren bunten Vogel, so Adler.

Durch Frank Sulloway, Wissenschaftshistoriker an der University of California in Berkeley, bekamen Adlers Thesen Ende der 90er Jahre noch einmal kräftigen Aufwind. Nichts, behauptet der Amerikaner, sei für Verhalten und Werdegang eines Menschen ausschlaggebender als sein Platz in der Geburtenfolge, weder Geschlecht noch Gene, Temperament oder soziales Milieu. Zurückgreifend bis ins 17. Jahrhundert, belegt Sulloway seine Theorie mit über 6000 Lebensläufen berühmter Leute, darunter historische Größen wie Kopernikus und Voltaire, aber auch prominente Zeitgenossen wie Tom Hanks, Danny DeVito oder Bruce Willis. Die Machos von Hollywood, stellt er fest, seien durchgängig Erstgeborene, während die Nachgeborenen als Komödianten reüssierten.

Obwohl Sulloways Theorie zunächst als revolutionär galt und für Furore sorgte, wird sie von der neueren Forschung nur noch begrenzt akzeptiert. Die Bedeutung der Position innerhalb einer Geschwisterreihe sei »vernachlässigbar gering«, stellt der renommierte Geschwister-Experte Hartmut Kasten fest, auf die Charakterbildung habe der Geburtsrangplatz einen Einfluss von weniger als fünf Prozent. Andere Fachleute halten Sulloways Ansicht für zu simpel.

Woher dieser Umschwung? Der erste Grund ist so schlicht wie überzeugend: Es gibt jede Menge Gegenbeispiele – Älteste, die sich als Revolutionäre, Visionäre oder Rebellen profilieren, und Jüngere mit stockkonservativem, dominantem Gebaren. In vielen Fällen, als Beispiel wird immer wieder das Brüderpaar von Weizsäcker angeführt, der eine hochkarätiger Politiker, der andere Philosoph und Physiker, lässt sich überhaupt nicht entscheiden, wer der Kreativere und wer der Konservativere ist.

Der zweite Grund liegt nach Ansicht der aktuellen Forschung in den veränderten Lebensumständen. Abgesehen von den Royals dieser Welt hat kaum mehr eine Familie Latifundien und Titel zu vererben, die traditionell die Sonderrolle des Erstgeborenen als Stammhalter notwendig machten und den Nachfolgenden dafür größere Freiräume ließen. Vor allem aber haben sich die familiären Umgangsformen entscheidend gewandelt. Sie sind offener, demokratischer geworden. Unter den heute 30- bis 40-jährigen Erstgeborenen haben sicher längst nicht alle das klassische Entthronungstrauma erlitten, weil ihre Eltern sich die Zeit genommen und die Mühe gemacht haben, das älteste Kind in ihre Vorfreude und ihre Vorbereitungen zur Ankunft des neuen Geschwisterchens mit einzubeziehen und es auch in der Anfangszeit als großer Bruder oder große Schwester nicht mit seinen schmerzlichen Gefühlen alleinzulassen.

»Es gibt einen Film aus den Tagen, als meine Mutter mit meiner neugeborenen Schwester im Krankenhaus lag. Ich finde ihn hinreißend, obwohl ich selbst die Hauptrolle spiele. Ich war gerade fünfzehn Monate alt, ein winziger Kerl, aber schon sehr gut zu Fuß in so merkwürdigen kleinen Stiefeln. Mein Vater ist damals mit mir in den Zoo gefahren und hat gefilmt, wie ich herumlaufe, als wäre ich ganz allein unterwegs, wie ich mit Leuten rede, an Zäunen hochsteige, geschenkte Kekse esse. Man sieht richtig die Sicherheit, die ich hinter mir spürte. In der nächsten Sequenz beiße ich dann meiner gerade heimgekommenen Schwester in die Backe«, berichtet Per, 32.

Bei allen Vorbehalten – ganz nebensächlich scheint die Konstellation innerhalb einer Geschwisterschar dennoch nicht zu sein. Wer sich in seinem privaten Umfeld umschaut, wird zweifellos jede Menge Bestätigung für die Auffasung von Adler oder Sulloway finden: die älteste Schwester, die bei Auseinandersetzungen wie auf Knopfdruck ihren gewohnt autoritären Ton anschlägt, keinen Widerspruch duldend; das Nesthäkchen, dem die Familie noch mit Mitte dreißig seine Südamerikareise finanziert, weil es einfach nie »zu Potte« kommt; und der Sandwich-Typ, der alle gegen den Strich bürstet und unbeirrt seiner Wege geht, ein Meister des Unabhängigkeitsstrebens.

Wenn die aktuelle Forschung es auch ablehnt, an den überkommenen Klischees zur Geburtenfolge festzuhalten, tauchen bei den Erklärungsversuchen für das Sosein und die Verschiedenheit von Geschwistern doch immer wieder Bezüge zum jeweiligen Platz in der Reihe auf. Allerdings mit der Einschränkung, dass es niemals zwingend so sein muss, sondern höchstens sein kann.

Das älteste Kind darf demnach zumindest eine Weile lang die Vorzüge eines Einzelkind-Daseins genießen, wird meistens mit besonderem Jubel begrüßt und umhätschelt und behält, auch wenn es für den Nächsten etwas zur Seite rücken muss, die ersten Jahre hindurch die Nase vorn. Es kann schon rennen, während der andere sich gerade mal vom Bauch auf den Rücken dreht, kann schon reden, während der andere noch sinnlos brabbelt, kann sich nehmen, was es will, während der andere nur hilflos zappelt. Eine Machtposition, zweifellos, aber eine mit Härten. Denn das Erstgeborene ist auch das »Testkind« der Eltern, es hat deren Unerfahrenheit und Ehrgeiz zu verkraften. Das zweite Kind dagegen profitiert von der inzwischen erworbenen Routine und größeren Gelassenheit von Vater und Mutter, und entdeckt mit etwas Cleverness sehr schnell die Lücken im Netz elterlicher Anweisungen und Vorgaben.

»Ich bin jetzt 38 und benutze meine zwei Jahre ältere Schwester immer noch als eine Art Schutzschild.« Ille grinst breit beim Erzählen. »Das habe ich getan, solange ich denken kann. Als wir klein waren, hat unsere Mutter alles kontrolliert, was Karin dachte und tat, mit wem sie spielte, was sie im Aufsatz schrieb, sogar, was sie beichten wollte. Ich habe das aus sicherer Deckung beobachtet und rechtzeitig beschlossen: Mit mir nicht! Irgendwie ist es mir tatsächlich gelungen zu entwischen, ich habe einfach nicht mitgespielt, galt dafür aber natürlich als besonders aufmüpfig und kratzbürstig. Bis heute will unsere Mutter genau wissen, was wir wählen, warum wir nicht in die Kirche gehen und dergleichen. Karin gerät darüber regelmäßig in Streit mit ihr, aber ich lasse mich auf solche Verhöre nach wie vor nicht ein, sondern dirigiere das Gespräch einfach um auf unverfängliche Themen.«

Erstgeborene haben es in vielerlei Hinsicht nicht leicht:

Oft wird ihnen die Verantwortung für die Jüngeren aufgeladen, ob es zum Schwimmen, um die Hausaufgaben oder das pünktliche Heimkommen geht. Vorbild sollen sie sein und in kritischen Situationen, bei Scheidungsfällen etwa oder wenn ein Elternteil stirbt, auch Stellvertreter des Verlorenen – was die meisten Kinder überfordert und am unbeschwerten Jungsein hindert.

Michael hat seine ältere Schwester immer als streng und rechthaberisch empfunden. Und immer wieder wunderte er sich beim Anblick alter Familienfotos über den Wandel in ihrem Aussehen. Mit vier Jahren sei ihr Gesichtsausdruck noch ganz weich und entspannt gewesen, erzählt er, und dann, knapp zwei Jahre später, habe sie plötzlich angestrengt, ernst und auch traurig gewirkt. Vor ein paar Monaten kamen sie zufällig im Gespräch auf diese Veränderung, und da habe sie ihm völlig überraschend den Hintergrund erklärt, berichtet der 43-Jährige. Als Antje gerade vier, er selbst zwei und der jüngere Bruder noch nicht ganz ein Jahr alt war, starb der Vater bei einem Unfall. Die Mutter nahm damals die Älteste beiseite und erklärte ihr, dass sie nun »ihre Große« sei und den Vater ersetzen solle bei schwierigen Entscheidungen. Antje kam sich sehr erwachsen vor und war wahnsinnig stolz. Aber dann wurde sie jedes Mal weggeschickt, zum Spielen oder ins Kinderzimmer, wenn es um wichtige Dinge ging, und die Mutter beriet sich mit anderen Leuten. Antje dachte, sie wäre nicht gut genug, sie fühlte sich abgeschoben und missachtet. Bis heute, sagt Michael, mache ihr das zu schaffen.

Von Erstgeborenen heißt es auch, dass sie die Anlaufstationen für in Not geratene Geschwister sind, dass sie die Familie zusammenhalten, Traditionen wahren und kollektive Erinnerungen hüten – lauter wichtige Funktionen, nur allesamt nicht einfach. Kein Wunder also, wenn viele von ihnen weniger unbekümmert und locker daherkommen als ihre jüngeren Brüder und Schwestern.

Allerdings haben auch die Mittleren nicht unbedingt die Leichtigkeit des Seins gepachtet. Im Gegensatz zu den Ältesten und den Jüngsten in der Geschwisterreihe spielen sie nie eine Sonderrolle und bekommen höchst selten eine Extraration an elterlicher Zuwendung, so wie »unser Großer« (weil er so vernünftig ist) und »unser Kleiner« (weil er so süß ist). Sie trotten einfach mit im Verbund und werden manchmal schlicht übersehen. Das hat einerseits Vorteile, zum Beispiel den, dass man bei aufziehenden Familiengewittern besser in Deckung gehen kann. Aber es bringt auch Nachteile mit sich.

»Bei uns zu Hause war ich der Joker«, erinnert sich Elisabeth, 38, die zweite von drei Geschwistern. »Ich wurde immer dahin geschoben, wo es den Erwachsenen gerade gefiel. Zum Beispiel hieß es: Die beiden Großen harken Laub oder die beiden Kleinen gehen früh ins Bett. Bei allen unangenehmen Sachen musste ich mitmachen. Für mich allein kam ich nie vor.«

Oft sind die Mittleren in einem permanenten Zwiespalt, auf wessen Seite sie sich schlagen sollen. Auf die des Älteren, mit dem sie allzu gern gleichziehen wollen, oder auf die des Jüngsten, um im Verein mit ihm von den Annehmlichkeiten der Babyposition zu profitieren. Viele wechseln je nach Lage der Dinge die Koalitionspartner. Daher kommt der Ruf der Mittelkinder, besonders flexibel und gewandt zu sein.

Als Kleine und Halbwüchsige kommen sich Sandwich-Kinder nicht selten etwas verloren und vernachlässigt vor und beneiden die Ältesten und die Jüngsten um ihre jeweiligen Privilegien. Der Mittlere, heißt es, hat es am schwersten. Aus der Perspektive des Erwachsenen kann so ein Mittelkind-Schicksal allerdings ganz anders aussehen, wie Jochen, 46, erzählt:

»Früher habe ich mir sehnlichst gewünscht, auch einmal so viel Aufmerksamkeit zu bekommen wie meine älteren und jüngeren Geschwister. Ich war immer nur das Füllsel zwischen ihnen, ein unfreiwilliger Mitläufer. Wenn ich mir aber anschaue, wie viel leichter es mir später fiel, meinen eigenen Weg zu finden und mich in Konfliktsituationen durchzulavieren, halte ich meinen Platz in der Mitte für den besten. Ich fühle mich wie ein Kiesel, der in einer Dose mit anderen Steinen ordentlich durchgeschüttelt wurde. Dann macht man die Dose auf, und er rollt.«

Kerstin blickt ziemlich kritisch auf ihre Nesthäkchen-Erfahrungen zurück. Scheinbar sei alles wunderbar gewesen: Die Mutter presste ihr zum Frühstück frischen Orangensaft aus, was ein paar Jahre nach dem Krieg etwas ganz

Besonderes war. Wenn sie sich morgens ein rosa Kleidchen mit Volants wünschte, war es abends genäht. »Ich wurde maßlos verwöhnt und hatte alle Freiheiten, aber eigentliche Unterstützung bei meiner Entwicklung und Bildung bekam ich nicht, dazu waren meine Eltern beim vierten Kind zu müde und zu bequem geworden.«

Gar nicht so selten geht Eltern beim dritten oder vierten Kind die Puste aus. Sie haben keine Energie mehr für den letzten Spross übrig und retten sich in die Hoffnung, dass die Älteren ihn schon irgendwie mitziehen werden. Kann ein kleiner Faulpelz, der es nicht aufs Gymnasium schafft, denn nicht von seinen fleißigeren Geschwistern genügend Sprach-und Mathe-Kenntnisse übernehmen, um mit Anstand durch die Schulzeit zu kommen? In manchen Familien ist aber auch die Phalanx der großen Geschwister so stark, dass den Jüngsten kaum Freiräume für ihre Entfaltung bleiben. Sie werden eine gewisse Zeit lang wie ein Puppenersatz geknuddelt und dann am Ende der Geschwisterreihe angehängt – als einer, der nicht wirklich zählt.

Vor allem kleine Brüder von großen, dominanten Schwestern können ein Lied von solchen Schicksalsschlägen singen. Ob man von dieser Position aus komischer Held in Hollywood wird, sei dahingestellt.

Die immer wieder gestellte Frage nach der günstigsten Position innerhalb einer Geschwisterschar lässt sich kaum beantworten. Jeder Platz hat gleichermaßen Vor- wie Nachteile. Dafür spricht der Fachmann Hartmut Kasten dem

Wunschgeschwister?

»Wenn ich anstelle dieses unverschämten Bruders eine Schwester hätte, oder statt dieser besserwisserischen, zänkischen Schwester einen Bruder, ginge es mir entschieden besser«. Derartige Überlegungen anzustellen ist gar nicht so abwegig – nur bringen sie leider nicht das Geringste. Denn selbst wenn man das Geschlecht seiner Geschwister ummodeln könnte, käme dabei noch lange nicht die Idealfigur heraus, die einem in der Nachbarsfamilie ins Auge sticht. Ob aus der ersehnten Schwester tatsächlich eine Verbündete, eine Vertraute und Freundin würde, und der Wunschbruder wirklich Beschützer und Begleiter oder der erträumte kleine Knuddelbär wäre, hängt von zahllosen, unwägbaren Faktoren ab: von den verschiedenen Charakteren, den Bündnissen innerhalb der Familie, der Rollenverteilung ...

Wie sich die Beziehung zu einem Wunschgeschwister entwickeln würde, kann niemand wissen. Deshalb ist es sinnvoller, die Träume in den Wolken zu lassen, und statt irgendwelche Musterexemplare herbeizusehnen lieber den Brückenschlag zu seinen realen Schwestern und Brüdern zu versuchen – auch wenn sie manchmal nerven.

Altersabstand zwischen den Sprösslingen große Bedeutung zu. Liegen mehr als acht Jahre zwischen ihnen, können sie gewöhnlich wenig miteinander anfangen und empfinden kaum emotionale Verbundenheit. Sie leben mehr wie Einzelkinder nebeneinander her. Ist der Altersunterschied dagegen sehr klein, gibt es zwar besonders viel Zusammengehörigkeitsgefühl, Vertrautheit, Verständnis und Liebe zwischen ihnen, im gleichen Maß aber auch Machtkämpfe, Streitereien und Eifersucht. Einen Abstand von rund drei Jahren hält der Geschwisterexperte für optimal, weil das erstgeborene Kind dann schon genügend emotionale Sicherheit habe und so weit von der Mutter abgenabelt sei, dass es vom Erscheinen eines Konkurrenten nicht mehr allzu sehr erschüttert werde.

Neben dem Altersunterschied sieht die Forschung auch im Geschlecht der Kinder einen entscheidenden Faktor: Unter annähernd gleichaltrigen Geschwistern, die auch noch dasselbe Geschlecht haben, komme es aufgrund der alltäglichen Nähe und der vielen Schnittpunkte besonders häufig zu Reibereien, während eine Konstellation von großem Bruder und kleiner Schwester die größte Chance für einen freundschaftlichen, einträchtigen Umgang biete.

4. Vom Wandel der Geschwister-beziehung

Zuerst sind die Geschwister immer in Reichweite, denn üblicherweise verbringen sie während ihrer Kindheit sehr viel Zeit miteinander. Sie teilen das Zimmer und die Schokolade, hocken morgens zusammen am Frühstückstisch und abends vor der Glotze auf dem Sofa. Mit dem Erwachsenwerden verändert sich ihre Beziehung. Und auch die folgenden Lebensphasen haben ihre speziellen Eigenarten in puncto Geschwisterbeziehung.

4.1 Auf dem Weg zum Erwachsensein

Wenn aus Kindern Leute werden, lockert sich das enge Zusammenglucken in der Regel, denn mit dem Erwachsenwerden verändern sich die Beziehungsmuster zwischen den Geschwistern. Alles ist neu, alles ist anders, eine spannende neue Lebensphase beginnt – eine Zeit, die Geschwister zum Umdenken zwingt.

»Als Kinder waren wir drei Schwestern unzertrennlich, dicke Freunde. Vor allem in den Ferien zogen wir dauernd gemeinsam los!« erzählt eine 60-Jährige, der man ansieht, dass sie gerne an diese fröhlichen Kinderzeiten im Dreierpack zurückdenkt. Erstaunlicherweise erinnert sie sich nach 45 Jahren noch genau daran, wann diese enge Gemeinschaft zu bröckeln begann: »Ich war fünfzehn und wir saßen zu dritt auf einer Wiese am See. Meine jüngeren Schwestern turnten um mich herum und wollten mit mir im See schwimmen, aber ich hatte auf einmal keine Lust mehr auf gemeinsame Wasserspiele. Enttäuscht murmelten die beiden daraufhin, jetzt sei es so weit. Nun sei ich groß und wolle von ihnen nichts mehr wissen! Sehr hellsichtig, denn es ging wirklich ans Abschiednehmen. Als Älteste hatte ich auf einmal wirklich andere Dinge im Kopf als die Spielereien mit meinen Geschwistern. Sie waren ziemlich abgemeldet, und meine Freunde wurden viel interessanter für mich. Nie wieder gab es eine so tiefe Vertrautheit zwischen uns dreien wie zu Kinderzeiten.«

Die Zeit des Erwachsenwerdens wird als unberechenbare Umbruchphase, als heiße Phase in der Familie wahrgenommen, die bei allen Betroffenen zwiespältige Gefühle auslöst, neue Lebenserfahrungen und damit nicht nur Spaß und Spannung, sondern auch Unsicherheiten mit sich bringt. Wenn einer beginnt, seinen eigenen Weg zu gehen, lösen sich viele eingefahrene geschwisterliche Gewohnheiten in Luft auf, und es schwinden die damit verbundenen Gefühle von Geborgenheit und Vertrautheit – jedenfalls vorübergehend. Passé sind die Zeiten, da man in Abwesenheit der Eltern gemeinsam mit dem kleinen Bruder bis in die Puppen

heimlich fernsah oder zur großen Schwester unter die Bett-
decke kroch, wenn es draußen stürmte und schneite. Alles
vorbei, inzwischen unter der Überschrift »Kindheitserinne-
rungen« abgebucht.

Natürlich war die gemeinsame Kindheit nicht nur Jubel,
Trubel und Honigschlecken, sondern auch Stress. Zoff mit
dem Bruder. Zwist mit der Schwester. Mit der neuen Lebensphase legt sich dieser alltägliche Kleinkrieg im Kinderzimmer. Die Querelen um Nichtigkeiten werden mit zuneh-
mender Reife einfach uninteressanter. Die Ablösekämpfe,
die in dieser Phase stattfinden, sind von anderem Kaliber,
meist wesentlich subtiler und nachhaltiger.

Junge Erwachsene schauen nicht nur nach innen, beschäftigt mit ihren eigenen Gefühlen und Gedanken, sondern
schauen auch interessiert nach außen, nehmen ihre Familie kritisch und genau unter die Lupe, und die Beziehung
zu den Geschwistern wird ebenfalls bewusst auf den Prüfstand gestellt. Gleichzeitig gehen junge Leute gerne auf Distanz. Was sich zu Hause abspielt, wird moniert: »Ich bin
nicht mehr zuständig für den ganzen Kleinkram! Das ist
nicht mehr mein Bier!«, bekommen erstaunte Geschwister
unvermutet um die Ohren gehauen.

*Früher verstanden sich die drei eigentlich bestens. Der Frie-
den war dahin, als die beiden älteren Geschwister erwachsen geworden waren. Der Jüngste hatte nun nichts mehr zu
lachen, denn die Älteren triezten ihn laufend, machten sich
lustig über ihn, grenzten ihn aus. Erst Jahre später wurde
ihm klar, dass sie mit ihrem Treiben eigene Unsicherheiten*

kompensierten: Machten sie ihn klein, fühlten sie sich ent-
sprechend größer, stärker und überlegener. Erst als die Brü-
der festeren Boden unter den Füßen, Tritt im Beruf gefasst
und einen Partner gefunden hatten, ließen sie von ihren
fiesen Spielchen ab und taten Abbitte: »War nicht in Ord-
nung, was wir mit dir veranstaltet haben!«

Trotz ihrer Abgrenzungsmanöver und Freiheitstendenzen
nehmen junge Erwachsene schließlich doch wahr, dass ihre
Geschwister nicht nur als Prügelknaben taugen oder nervender Ballast sind, sondern ziemlich brauchbar. Sie halten
einem die Stange, stärken einem den Rücken, teilen Geheimnisse und halten dicht – jedenfalls meistens. Gerade
beim Erwachsenwerden, einer oft anstrengenden Phase, tut
es gut, sich auf ihre Solidarität verlassen zu können. Und
der Zusammenhalt ist vorhanden, wenn die Geschwisterbeziehung einigermaßen intakt ist.

Der Blickwinkel richtet sich jetzt nicht nur kritisch auf die
eigene Familie, sondern erweitert sich auch zunehmend.
Die große, weite Welt wird interessanter. Junge Menschen
gewinnen eine größere Unabhängigkeit von ihrer Familie,
brechen zu neuen Ufern auf, um Erfahrungen zu sammeln
und Abenteuer zu erleben. Das Gros genießt dieses neue Le-
bensgefühl: endlich erwachsen. Endlich selbstständig. Was
kostet die Welt? Beschäftigt mit der gerade erst entdeckten
Freude an ihrer eigenen Individualität, gehen viele mit zu-
nehmender Selbstständigkeit auf Distanz zu ihren Brüdern
und Schwestern – ein Signal, das bedeutet: Ich bin jetzt mit

Wichtigerem beschäftigt als mit Geschwistergedöns. Meine Musik spielt woanders. Freundschaften, Liebesbeziehungen erhalten einen immer höheren emotionalen Stellenwert.

Das Abgrenzen von der Familie vollzieht sich nicht immer sanft, sondern häufig abrupt, brutal und äußerst unfreundlich.

Liebe mich dann, wenn ich es am wenigsten verdient habe, denn dann brauche ich es am meisten.

Anonym

In dem Moment, da sie die Ausbildung hinter sich hatte, wollte sie nur noch weg von zu Hause – endlich abhauen in die glitzernde, verheißungsvolle Großstadt. Nachdem der Absprung gelungen und ein Arbeitsplatz gefunden war, hatte sie kaum noch Interesse an ihrem Zuhause. Kein Gedanke mehr an die Geschwister. Nicht an die schon verheiratete ältere Schwester, die mit Mann und Kindern im Haus der Eltern lebte. Nicht an den jüngeren Bruder, der traurig zurückblieb. Nur das Neue zählte: die neuen Freunde, die neuen Kollegen, die neue Stadt. Ab und zu ein Anruf daheim, zu mehr fehlte der Antrieb. Nach sechs Jahren Großstadt zieht es sie nun wieder häufiger nach Hause. Sie ruft wieder an und schaut sogar ab und zu vorbei, was auch ihre Geschwister freut.

Manch junger Erwachsene schafft den Schritt in die Unabhängigkeit nur, indem er erst einmal radikal einen Strich zieht und auf dem Weg in die Selbstständigkeit abstößt, was ihn belastet. Und als Belastung werden manchmal auch die Geschwister empfunden. Vor allem dann, wenn sie ihren wegstrebenden Bruder oder ihre aufmüpfige Schwester mit ihren Erwartungen aufhalten: »Wann hast du Zeit für mich?« Wer seine eigenen Wege gehen will, mag seine Ruhe haben. Aller Einsatz für die Familie, der Zeit und Engagement kostet, wird jetzt schnell lästig. Deshalb werden Geschwister, die Aufmerksamkeit verlangen, erst recht aufs Abstellgleis geschoben.

Ihre Geschwister hätten dauernd irgendwelche Erwartungen an sie, berichtet eine 23-Jährige, der man auf den ersten Blick ansieht, dass sie auf Eroberungskurs weitab von der Familie ist. »Als Älteste von vier Geschwistern werde ich laufend in die Pflicht genommen und verantwortlich dafür gemacht, dass der Laden zu Hause läuft!« Sie habe es satt, immer schön brav zu funktionieren. Jetzt sei Schluss damit, sagt sie. Sie habe keine Lust mehr, permanent die Erwartungen ihrer Eltern und Geschwister zu erfüllen. Und dann erklärt sie: »Ich will meine Freiheit genießen und kann keinen gebrauchen, der an meinem Rockzipfel hängt – keine kleinen Schwestern, die an mir herumzupfen, keinen kleinen Bruder, der mich mit seinen nie endenden Wünschen verfolgt. Für die Bedürfnisse meiner Geschwister habe ich keinen Nerv mehr!«

Die zurückbleibenden jüngeren Geschwister sehen die sich zu Hause abspielenden Veränderungen vor allem mit Staunen: Kaum zu glauben, was sich bei dem großen Bruder oder der großen Schwester in letzter Zeit tut. Nachvollziehbar, dass die Verschmähten oft verständnislos reagieren, wenn der Bruder oder die Schwester eingespielte Verhaltensmuster plötzlich kündigt, um ein eigenes Leben zu führen – möglichst frei und unabhängig. Nicht wenigen macht diese Zurücksetzung zu schaffen. Verrat ist das und die pure Rücksichtslosigkeit! So eine Erfahrung tut weh. Der damit verbundene Schmerz und Vertrauensschwund muss erst einmal verkraftet werden.

Ältere Geschwister, in ihrer Entwicklung ein paar Jährchen voraus, begleiten die pubertären Ablöseversuche ihrer Nachfolger dagegen meist mit einem wissenden Lächeln, schließlich erinnern sie sich noch gut an ihre eigenen Hochs und Tiefs in dieser Phase und zeigen deshalb mehr Verständnis.

Besonders neugierig beobachten sowohl jüngere als auch ältere Geschwister, wie aus ihrem Bruder ein Mann oder aus ihrer Schwester eine Frau wird. Strahlend bringt das schüchterne, schmächtige Bürschchen, das gerade noch Wochenende für Wochenende verstockt daheim hockte, plötzlich seine erste Freundin mit nach Hause – wer hätte das gedacht?

Übrigens begibt sich längst nicht jeder junge Erwachsene couragiert auf Ablösekurs. Manch einer leidet unter dem Abschiedsschmerz von der Kindheit. Man steht in dieser anstrengenden Entwicklungsphase unter besonderer Anspannung. Um diese Anspannung zu mindern, lassen viele zu Hause Dampf ab. Kein Wunder, dass es dann zu Streitereien kommt wie in alten Zeiten, als sich die Kampfhähne im Kinderzimmer noch um die Bauklötze zofften. Nicht wenige junge Erwachsene attackieren ihre Geschwister, weil sie genau wissen, dass ihnen diese Unverschämtheiten zu Hause verziehen werden. Brüder und Schwestern haben ein großes Herz. (Ist die Beziehung zwischen Geschwistern grundsätzlich gut, knüpfen sie nach stürmischen Unruhezeiten nahtlos wieder an das positive Miteinander an.)

Ein anderer braucht in diesen Umbruchzeiten die besondere Zuwendung seines Bruders oder seiner Schwester. Besonders Empfindsame verkriechen sich regelrecht zu Hause, schließen sich eng an ihre Geschwister an in dem Glauben: »Da bin ich sicher!«

Gerade während der Phase des Erwachsenwerdens seien sein Bruder und er eng zusammengerückt, berichtet ein sehr familienbewusster 50-Jähriger. »In dieser Umbruchphase haben wir Geschwister uns eigentlich erst so richtig gefunden und kapiert, was wir aneinander haben! Auslöser für die neue Eintracht: Wir waren beide mies in der Schule und beide keine Herzensbrecher, sondern eher schüchtern im Umgang mit dem anderen Geschlecht, aber sehr unternehmungslustig und neugierig. Dazu hatten wir die ewig gleichen Streitereien mit unseren Eltern. Diese gemeinsamen Schwierigkeiten haben uns fest aneinandergeschmiedet.« Der Erzähler weiß heute noch, wie froh er damals war, einen Gleichgesinnten an seiner Seite zu haben. »Zu zweit haben wir die endlosen Schwierigkeiten beim Erwachsenwerden schließlich gemeistert. Bei meinem Bruder habe ich mich besser aufgehoben gefühlt als bei meinen Freunden!«

Aus einer engen geschwisterlichen Verbundenheit wird eine übergroße Abhängigkeit, wenn sich ein junger Mensch nur noch im Fahrwasser von Bruder oder Schwester geborgen fühlt. Wer allzuviel Angst vor den Anforderungen des Erwachsenseins entwickelt und sich nicht von seiner Familie löst, wird vielleicht nie wirklich selbstständig.

Nach der Schule nahm das Drama seinen Anfang: Sie zog als 18-Jährige zu ihrem nur wenige Jahre älteren Bruder und kochte und putzte für ihn. Sie schmiss den gesamten Haushalt. Jahrzehntelang sorgte sie für ihn. Jetzt ist sie weit über 70, sitzt nach dem Tod ihres Bruders in der kleinen Wohnung und sagt resigniert: »Ich habe keine Aufgabe mehr. Ein eigenes Leben aufbauen? Zu spät! Habe ja nicht gelernt, auf eigenen Füßen zu stehen. Vielen Frauen ist es damals so wie mir ergangen. Heute sind die jungen Leute Gott sei Dank selbstbewusster. Ich habe den Absprung in ein eigenes Leben einfach verpasst!«

Mancher junge Erwachsene überspielt seine eigenen Unsicherheiten, indem er besonders auftrumpft – auch bei seinen Geschwistern, die sich in der Regel aber von so viel Coolness nicht beeindrucken lassen, weil sie gnadenlos kritisch sind, ihren Pappenheimer aus dem Effeff kennen und sein aufgesetztes Rollenspiel sofort durchschauen. Meistens nehmen sie kein Blatt vor den Mund und enttarnen jedes aufgeblasene Getue umgehend: »Spiel dich nicht so auf. Lass das Theater!« Leider verpufft diese Botschaft oft ungehört. Sowieso schon genervt vom Durcheinander der eigenen widerstreitenden Gefühle, reagiert mancher Teenager gereizt auf geschwisterliche Kritik.

Weil das Erwachsenwerden scheinbar spannend wie ein Krimi und aufregend wie ein Abenteuerurlaub ist, wollen jüngere Geschwister gern mitmischen. Sie schleichen sich geschickt an und rücken ihren wegstrebenden Geschwistern auf die Pelle.

»Ich wollte unbedingt mit meinen bereits erwachsenen Brüdern gleichziehen. Meine große Stunde schlug beim Oktoberfest in München. Ich durfte als Jüngster endlich mit und setzte meinen Ehrgeiz daran, akzeptiert zu werden. Das gelang mir auch: Ich verschaffte uns im übervollen Festzelt einen Tisch – eine Leistung, die bei den anderen Eindruck machte. Damit hatte ich den Durchbruch geschafft, war nicht länger der ›Kleine‹, sondern von nun an der ›Clevere‹ und durfte mit den Großen immer häufiger die Luft der großen Freiheit schnuppern!«

Mit der Zeit verwischt sich der Altersunterschied zwischen den Geschwistern. Wird das jüngere Geschwister ernst genommen, ist es am Ziel seiner Träume: endlich Juniorpartner und auf annähernd gleicher Augenhöhe mit den Großen.

4.2 Die mittleren Jahre – keine Zeit für die Geschwister?

In den mittleren Lebensjahren gehen Geschwister ihre eigenen Wege, gründen vielleicht eine Familie, haben Freunde und einen Beruf gefunden. In dieser Phase brummt der Alltag, denn die verschiedenen Lebensbereiche müssen unter einen Hut gebracht werden. Jeder muss Schritt mit dem rasanten Tempo und mit den Herausforderungen unserer Zeit halten, unterschiedlichen Ansprüchen gerecht werden, Pflichten erfüllen und die eigenen Bedürfnisse im Auge behalten. Eine komplexe Aufgabe, die es zu bewältigen gilt. Gelingt es, kann man sich an Erfolgserlebnissen freuen. Manchmal hält sich die Freude allerdings in Grenzen: Dann laufen die Tage nicht so rund, wie sie sollten, und etliche Aufgaben bleiben unerledigt liegen. In solchen Momenten wird besonders deutlich, wie viel Zeit und Energie es kostet, das Rad Tag für Tag in Schwung zu halten, den Alltag zu meistern und permanent Leistung zu bringen. Kein Wunder also, dass mancher in seinen mittleren Lebensjahren leicht in Hektik gerät und bei dem üppigen Programm seine Ursprungsfamilie vernachlässigt und kaum einen Gedanken an seine Geschwister verschwendet. Ein schlechtes Gewissen deshalb? Sicherlich, bisweilen schon, aber solche Gedanken werden gerne mit flapsigen Bemerkungen übertüncht wie: »Nicht so schlimm! Sie sind daran gewöhnt, dass ich mal abtauche, und werden die Durststrecke schon verkraften!«

Beruflich ist der Vierzigjährige viel unterwegs. Ist er mal zu Hause, kommt er nicht zur Ruhe, sondern wird gleich wieder aktiv. Er engagiert sich in verschiedenen Vereinen, treibt Sport, ist mit Freunden unterwegs, kümmert sich um Frau und Kinder. Alles und alle kommen dabei zu kurz. Immer wieder verspricht er: »Ich werde das ändern! Andere Prioritäten setzen!« Und dann geschieht nichts. Wer ihn kennt, hofft nicht länger auf Veränderungen. So hat sich auch seine weitere Familie schweren Herzens daran gewöhnt, kaum etwas von ihm zu hören. Ab und zu ein Anruf – mehr findet nicht statt. Keine Besuche. Keine Briefe zum Geburtstag und zu Weihnachten. Manchmal beschwert sich seine Schwester bei ihm: »Du könntest auch mal die Initiative ergreifen, dich melden oder mich besuchen!« Doch weil alles Mahnen nichts bringt, verliert sie langsam die Lust, immer wieder auf ihn zuzugehen, und zieht sich schließlich zurück: »Dann eben nicht! Ich renne dir nicht ewig nach!«

Melden sich vernachlässigte Geschwister mit Vorwürfen, werden ihre Einwände von einem Vielbeschäftigten lässig vom Tisch gewedelt. Gerne wird der Spieß auch einfach umgedreht: »Ich versuche ja oft, dich zu erreichen, erwische dich aber nie!« Fazit: Aus Nachlässigkeit, aus Bequemlichkeit oder aus Zeitmangel wird der Kontakt zu den Geschwistern in dieser Lebensphase meist nicht besonders intensiv gepflegt. Der Psychoanalytiker und Geschwisterforscher Horst Petri sagt dazu: »Damit versachlichen sich die Geschwistergefühle!«

Der Kontakt schrumpft besonders dann auf ein Minimum, wenn Geschwister weit voneinander entfernt wohnen und ein Treffen mit einem größeren Zeit- und Energieaufwand verbunden ist. Im turbulenten Alltag bestehe keine Möglichkeit für häufigere Besuche. Nur schnell vorbeifahren und kurz hereinschauen, das lohne den Aufwand nicht, stellen viele fest. Und was ist mit den Sonntagen und mit dem Urlaub? Warum kommt ein Wiedersehen mit Geschwistern in dieser Lebensphase auch dann selten zustande? Weil die eigenen Angelegenheiten samt Kind und Kegel Vorrang haben. Das Kind muss am Wochenende zum Training begleitet, der Hund ausgeführt werden ... hundert gute Gründe, die eigenen Geschwister warten zu lassen und ihnen mit Ausflüchten zu kommen wie: »Versteht das doch! Ich würde euch ja gerne sehen, aber ...« Und jedes Mal wird eine andere Begründung nachgeschoben: »Ich schaffe es einfach nicht, euch zu besuchen!« Oder: »Irgendwann muss ich mich auch mal erholen!« Fazit: Abgesehen von Handy, SMS, Telefon, Mail, Fax und seltenen Familienfesten köchelt der Kontakt unter Geschwistern in der mittleren Lebensphase oft auf Sparflamme. Bisweilen herrscht sogar über Monate oder Jahre völlige Funkstille. Eine harte Bewährungsprobe für alle Beteiligten.

Leidet die Geschwister-Beziehung zwangsläufig darunter? Nicht unbedingt. Eins ist aber gewiss: Unter diesen veränderten Lebensbedingungen wandelt sie sich. Das Band zwischen den Geschwistern lockert sich – von außen gesehen scheint es jedenfalls häufig so zu sein. Allerdings täuscht dieser erste Eindruck nicht selten, denn im Kern bleibt die Verbindung normalerweise so gut oder schlecht, wie sie immer schon war.

Kann das sein? Ist ihr letztes Treffen wirklich schon zwei Jahre her? Die beiden Schwestern fallen sich begeistert in die Arme. Natürlich haben sie sich verändert. Neue Frisur. Ein paar Pfund mehr. Aber das zählt nicht. Alles ist, wie es immer war – so wie in den alten Zeiten. Vertraut miteinander wie eh und je und von der ersten Sekunde ihres Wiedersehens an, kommen die beiden gleich ins Gespräch miteinander und erzählen intensiv und nonstopp. Sie lachen wie die kleinen Mädchen und vergessen das ganze Drumherum. Bald danach müssen sich die beiden Schwestern bereits wieder trennen. Zu mehr als einem Kurzbesuch reicht die Zeit diesmal leider nicht. Sie verabschieden sich nur ungern voneinander und doch leichten Herzens, weil sie wissen: Die alte Verbundenheit bleibt. Darauf ist Verlass, davon sind beide fest überzeugt.

Stimmt die gemeinsame Basis, dann ist das in der Kindheit gelegte Fundament oft ein Leben lang tragfähig, und es gelingt trotz spärlichen Kontaktes auch Jahre später noch, einfach da weiterzumachen, wo sie aufgehört haben. Die alte Vertrautheit lässt sich schnell wieder aktivieren. Stimmt die Beziehung zwischen den Geschwistern im Kern, freuen sie sich schnell wieder aneinander. Beim Wiedersehen spielt es keine große Rolle, was jeder Einzelne in der Vergangenheit durchgemacht hat und in der Gegenwart gerade erlebt.

Welche Faktoren wirken außerdem daran mit, die geschwisterliche Vertrautheit auch über Durststrecken hinweg zu erhalten, vielleicht sogar zu festigen? Die Gewissheit, dass man füreinander da ist, stabilisiert die Beziehung. Das heißt, die Geschwister sind nicht nur füreinander da, wenn sie Lust und Zeit haben, sondern stehen immer und zuverlässig als wichtige Bezugspersonen parat. Die Ältesten übernehmen diese Rolle gerne. Gerade in unserer schnelllebigen Zeit voller Unverbindlichkeiten und in diesem oft hektischen Lebensabschnitt ist es ein Segen zu wissen: Auf meine Geschwister ist hundertprozentig Verlass. Auf meinen Bruder oder meine Schwester kann ich Tag und Nacht bauen. Brauche ich sie, dann sind sie für mich da. Damit verkörpern sie ein Stück Sicherheit – selbst dann, wenn sie im Hintergrund wirken. Hauptsache, sie erweisen sich als feste, berechenbare Größe. In Krisenzeiten, wenn es zu Hause brennt, oder wenn im Beruf die Erde bebt, ist diese Zuverlässigkeit natürlich besonders gefragt. Manchmal reicht es schon, die vertraute Stimme des Bruders am Telefon zu hören, um sich besser zu fühlen, oder eine Ansichtskarte von der Schwester zu lesen.

Nichts läuft so, wie es laufen sollte. Im Gegenteil: Im Büro hat sie einen wichtigen Auftrag vermasselt, und das macht ihr Angst. Niemand da, der sie auffangen könnte? Am Boden zerstört, fühlt sie sich von allen Freunden verlassen. In ihrer Not ruft sie ihre Schwester an, so wie früher als kleines Mädchen. Die Schwester hört schon beim ersten Ton – schließlich kennt sie jede Nuance dieser Stimme –, dass die »Kleine«, inzwischen immerhin schon Mitte dreißig, ein Problem hat. »Spätzchen, was ist los?«, fragt sie. Als eine Antwort ausbleibt, lässt sie das Fragen, denn sie weiß aus Erfahrung, dass die Kleine ihr Herz nicht ausschütten wird.

Sie bleibt stumm. Das war schon immer so, wenn sie Kummer hatte. Wahrscheinlich will sie nur die vertraute Stimme der großen Schwester hören, und mehr muss im Moment nicht sein. Es wäre sinnlos, jetzt Druck zu machen mit Sätzen wie: »Nun red' schon!« Das Beste, was die Große tun kann: Ein paar Takte freundlich plaudern und die Schwester darüber hinaus aber in Ruhe lassen, das weiß sie genau. Was sie allerdings nicht weiß: Die Jüngere wollte von ihr vor allem das Wort »Spätzchen« hören – ihren Kosenamen aus Kinderzeiten, den ihr verstorbener Vater immer benutzt und die Schwester inzwischen übernommen hat. Nachdem sie das Zauberwort gehört hat, fühlt sie sich getröstet und atmet auf.

In gravierenden Notsituationen, wenn Pläne scheitern, die Arbeit verloren oder die Ehe schief geht, wird die Liebe zwischen Geschwistern auf den Prüfstand gestellt. Um dem anderen bei der Lösung seiner Probleme zu helfen, sind jetzt Verantwortungsgefühl, Vertrauen, Loyalität, Solidarität und Zuwendung gefragt – Fähigkeiten, die Reife voraussetzen und Einfühlungsvermögen. Oft ist es nicht einfach, diese Fähigkeiten abzurufen, wenn zwischendurch lange Sendepausen sind.

Sie wollten heiraten. Zwei Wochen vor der Hochzeit sagt die Braut in spe die Hochzeit ab. Völlig verzweifelt quartiert sich der Verlassene bei seiner Schwester ein, die sofort parat steht, Urlaub nimmt und sich liebevoll und zuverlässig um ihn kümmert, ihm vor allem stunden-, tagelang geduldig zuhört, wenn seine Gedanken immer wieder um die Frage kreisen: »Warum ist sie gegangen?« Dass er sich vorher monatelang nicht bei seiner Schwester hatte blicken lassen, spielt keine Rolle.

Ist das gemeinsame Fundament dagegen weniger solide, ist keine enge Vertrautheit aus Kinderzeiten zwischen den Geschwistern gegeben, wird der Faden mit der Zeit oft dünner und reißt vielleicht sogar ab.

Sie ist in eine andere Stadt gezogen, sechshundert Kilometer entfernt von ihrem ursprünglichen Wohnort. Ihr Bruder ist geblieben. Häufiger versucht sie, an die alten Zeiten anzuknüpfen, und meldet sich bei ihm per Telefon. Sowieso kein großer Redner und erst recht kein begnadeter Telefonierer, kommt bei ihren Gesprächen aber nicht viel von ihrem Bruder. Kaum ein persönliches Wort ist von ihm zu hören. Kein bisschen Erzählen oder gemeinsames Lachen. Alles Fehlanzeige. Wenn sie fragt, wie es ihm gehe, bekommt sie nicht viel mehr zu hören als ein »Geht schon«. Und wenn sie sich noch so geschickt und geduldig anstellt, nachfragt, ermutigt – der Kerl mag oder kann sich einfach nicht mitteilen, speist sie schließlich mit ein paar Statements zum politischen Tagesgeschehen ab und klinkt sich bald aus: »Na dann bis zum nächsten Mal!« Vergeblich wartet sie darauf, dass er sich bei ihr meldet. Tut er einfach nicht. Sie gibt nicht auf, ergreift immer wieder die Initiative, aber kommt im Laufe der Zeit keinen Schritt weiter. Irgendwann erlahmt ihr Bemühen. Natürlich meldet sie sich noch dann und wann, inzwischen allerdings eher pflichtbewusst als begeistert. Traurig registriert sie irgendwann, dass sie ihren Bruder und sein Leben kaum noch kennt.

Wer mit Bruder oder Schwester heftig rivalisiert und einst den Konkurrenten neidisch beäugt hat, wird es wahrscheinlich auch heute noch tun und gibt den Kampf meist nicht so schnell auf. Dass die alten Vorbehalte noch brodeln, ist vielleicht auf einen ersten, flüchtigen Blick kaum zu sehen, weil Geschwister im reiferen Alter gelernt haben, höflich miteinander umzugehen, die Fassade zu wahren und sich nicht in die Karten gucken zu lassen. Wer dagegen genauer und mit Einfühlungsvermögen hinschaut, entdeckt die alten Vorbehalte wieder. Erst um die Lebensmitte herum erkennen wieder viele, was sie an ihren Geschwistern haben – dann, wenn die Eltern außen vor sind, sich in die Beziehung zwischen ihren längst erwachsen gewordenen Kindern nicht mehr einmischen und keinen Druck mehr machen mit Sprüchen wie »Kümmere dich mal um deinen Bruder!« oder »Wieso seht Ihr Euch nicht häufiger?« Fällt der Zwang zum harmonischen Zusammensein weg, machen viele aus eigenem Antrieb kehrt und gehen unbeschwerter auf Bruder oder Schwester zu in dem Gefühl: Gut, dass es sie gibt!

Durch die Brille der Soziologen

Anhand von soziologischen Erhebungen lässt sich das Verhältnis erwachsener Geschwister zueinander klar umreißen: Bei einer räumlichen Distanz von unter 20 Kilometern treffen sich zwei Drittel von ihnen wöchentlich einmal. Sind sie durch mehr als 500 Kilometer getrennt, sehen sie sich nur einmal im Jahr. Leben sie in einem ländlichen Umfeld, treffen sich Geschwister regelmäßiger als die mit Wohnsitz in der Stadt. In einer kleinen Geschwistergruppe ist die Verbindung besonders eng, und Geschwister des gleichen Geschlechts sehen sich öfter. Die meisten stehen, wenn sie auch selten zusammenkommen, zumindest in telefonischem Kontakt. Offenbar gibt es ein starkes Gefühl familiärer Loyalität, das Geschwister dazu bringt, in Verbindung zu bleiben und in Notfällen Verantwortung zu übernehmen und Hilfe anzubieten.

4.3 Späteres Erwachsenenalter – Rückbesinnung auf Vertrautes

Wieso kommt es in den späteren Jahre häufig wieder zu einer intensiveren Annäherung zwischen Geschwistern, nachdem sie im vorangegangenen Lebensabschnitt besonders weit auseinandergedriftet waren? Restlos scheint diese Frage noch nicht ergründet zu sein, aber immerhin gibt es verschiedene Erklärungsansätze.

Die Basis einer guten, engen Beziehung im Alter ist sicher

immer noch die gemeinsame Kindheitserinnerung, das Gefühl einer selbstverständlichen Zusammengehörigkeit, das zwar auf Grund verschiedener Lebensumstände zeitweilig abflauen kann, dann aber doch wieder an Kraft gewinnt. Sogar ein früher nur nervender »kleiner Bruder« oder eine ehedem »zickige Schwester« kann jetzt, nachdem die alltäglichen Kabbeleien Schnee von gestern sind, zu einem geschätzten geschwisterlichen Partner werden. Es gibt verschiedene Wege, auf denen Geschwister wieder zueinanderfinden.

»Meine Frau und ich haben drei Kinder. Wir waren natürlich immer stolz auf sie, aber großes Tamtam wurde nie um sie gemacht. Trotzdem lag hier der Auslöser für die Distanzierung meiner Schwester. Ihre Ehe blieb kinderlos, sie müssen alles Mögliche versucht haben, aber es klappte nicht. Und dann fing Christine, zu der ich früher einen besonders guten Draht hatte, irgendwann an, uns überall anzuschwärzen, so in der Art, wir würden einen Affenzirkus um unsere Kinder machen, ihnen alles durchgehen lassen und dergleichen. In unserer Gegenwart tat sie ganz freundlich, aber man spürte ihren wachsenden Grimm. Und bei uns wuchs der Ärger. Einen offenen Krach hat es nie gegeben, nur eine zunehmende Kühle – bis zum Gefrierpunkt. Als unsere Kinder aus dem Haus gingen, das ist jetzt rund vier Jahre her, setzte Tauwetter ein. An die einzelnen Etappen kann ich mich gar nicht mehr erinnern. Inzwischen ist es jedenfalls so, dass wir mehrmals wöchentlich telefonieren und schon zweimal zusammen in Urlaub gefahren sind. Vielleicht waren meine Frau und ich ja tatsächlich zu sehr vom Kinderthema besetzt, vielleicht hätte ich mich auch mehr in Christines Kummer einfühlen müssen. Egal. Ich bin nur froh, dass ich meine Schwester wiederhabe.«

Reni, Anfang 60, amüsiert sich über ihren zwei Jahre jüngeren Bruder: »Als seine vier Töchter zum Studium weggingen, hat er jahrelang täglich mit mindestens einer von ihnen telefoniert. Jetzt sind sie alle ziemlich eingespannt im Beruf und haben wenig Zeit für lange Gespräche mit ihrem Vater. Und siehe da: Plötzlich komme ich zu der Ehre seiner Anrufe!«

Mit dem Auszug der Kinder kehren die Eltern zu ihrer anfänglichen Zweisamkeit zurück. Und selbst wenn sie weiterhin eine liebevolle Verbindung zu ihrem Nachwuchs aufrechterhalten, entsteht eine emotionale Lücke, ein Freiraum, in den in vielen Fällen die Geschwister nachrücken. Zuwendung, Anteilnahme, Fürsorge, das ganze Inventar der Brutpflege, das von den in die Unabhängigkeit strebenden Kindern nur noch mäßig geschätzt wird, kann jetzt umgeleitet werden und trifft bei Geschwistern oft auf dankbare Empfänger. Vor allem bei denen, die ihren Partner durch Trennung oder Tod verloren haben und froh sind über diese andere Form von Nähe und Verbundenheit.

»Wem kann man sich schon schonungslos offen anvertrauen?«, fragt ein 58-Jähriger. »Doch nur seinen Geschwistern. Sogar mit dem Mist, den man selbst angezettelt hat.

Ich bin seit zwei Jahren geschieden, aus einer dreißigjährigen Ehe geflogen, weil meine Frau dahinterkam, dass ich sie bei jeder Gelegenheit betrogen habe, von Anfang an. Sie hat nie etwas bemerkt – meine Schwester dafür umso mehr. Immer wieder hat sie mir ins Gewissen geredet und mich vor den Folgen gewarnt. Dann passierte es: Meine Frau setzte mich vor die Tür, und meine Schwester hätte allen Grund zur Schadenfreude gehabt, doch das Gegenteil war der Fall. Sie hat mir zwar erst einmal gründlich den Kopf gewaschen, aber als sie sah, wie zerknirscht ich war und wie verloren, kam sie mir zur Hilfe. Sie ist die Einzige, mit der ich über meine Probleme reden kann, ohne mich in Grund und Boden schämen zu müssen oder die Sache zu beschönigen.«

Ein alter Mann: ein Kind mit Vergangenheit.

Zarko Petan

Für viele Geschwister sind die Gebrechlichkeit oder der Tod der Eltern ein Anlass, wieder intensiveren Kontakt zueinander aufzunehmen. Zunächst geht es dabei um technische Fragen, wie die Organisation von Betreuung, Pflege oder Begräbnis und die Auflösung des elterlichen Haushalts. Aber wenn es gelingt, sich über die Verteilung von Pflichten, Zuständigkeiten und Erbanteilen nicht in die Haare zu geraten, stoßen Geschwister gerade in dieser Situation oft auf einen gemeinsamen Fundus von Erinnerungen und Gefühlen, der zum Sockel einer veränderten, engeren Verbindung zwischen ihnen wird.

»Vor einigen Wochen war ich per Zufall gleichzeitig mit meiner jüngeren Schwester bei unserer alten Mutter zu Besuch, und wir haben gemeinsam einen Teil der Pflege übernommen. Dazu gehörte auch das abendliche Zubettbringen. Beim Kissenaufschütteln und Zudecken fing meine Schwester plötzlich an zu lachen. Ihr war eingefallen, dass sie vor ewigen Zeiten, als wir noch klein waren und in einem Zimmer schliefen, oft aus ihrer Ecke nach mir gerufen hat. Auf der Stelle hörte ich wieder ihre Stimme: ›Jutta, ich hab so Angst! Kann ich in dein Bett kommen?‹ Ich hatte nie etwas dagegen, und dann rief sie jedes Mal: ›Kannst du mich nicht abholen?‹ Und ich tapste barfuß quer durchs Zimmer und nahm sie mit. Als ich mich an diese Szenen erinnerte, spürte ich auf einmal wieder die Vertrautheit, die es früher zwischen uns gegeben hatte. Meine Schwester muss wohl ähnlich empfunden haben. Ein Gefühl wie eine Initialzündung. Nach jahrelanger Schmalspur-Beziehung sind wir uns seitdem wieder sehr nahegekommen.«

In vielen Geschwisterbeziehungen kommt es durch den Tod der Eltern zu tiefgreifenden Veränderungen. Manche Geschwister verlieren einander, wenn sie außer Vater und Mutter keine weiteren Gemeinsamkeiten empfinden, vollkommen aus den Augen. Andere entdecken bei ihren Brüdern und Schwestern eine neue Anlaufstelle, einen Ersatz für das verlorene Kindheits-Zuhause, ohne das sie sich einsam und ungeborgen fühlen würden. Statt wie früher zu Weihnachten und an anderen Feiertagen im Elternhaus zusammenzukommen, trifft man sich nun bei einem der

Geschwister, häufig – sofern es eine gibt – bei der ältesten Schwester. Gemeinsam lässt sich der Abschied von der eigenen Kinderrolle, an der erstaunlich viele Menschen, oft ohne es bewusst zu registrieren, auch in fortgeschrittenen Jahren hängen, offenbar besser bewältigen. Genauso wie es im Team mit Geschwistern leichter fällt, die Malaisen des näher rückenden Alters zu verkraften.

Wie die 52-jährige Susanne an sich selbst beobachtet: »Wenn ich sehe, wie anziehend und interessant meine Schwester trotz oder vielleicht gerade wegen der Spuren ihrer 55 Jahre wirkt, machen mir die Macken in meinem Spiegelbild viel weniger zu schaffen.«

»Im Erwachsenenalter zum Freund oder zur Freundin seines Geschwisters zu werden«, schreibt der französische Kinderpsychologe Marcel Rufo, »ist die ideale Entwicklung einer Geschwisterbeziehung.« Weil zu der naturgegebenen Verbundenheit noch die eigene Entscheidung kommt. Auf welchem Weg auch immer Geschwister jenseits der Lebensmitte wieder zueinanderfinden – es ergeben sich nun ganz ähnliche Bezugspunkte des Miteinanders. Der Wettstreit um »gelungenen« Nachwuchs, mehr oder weniger dicke Konten und berufliche Erfolge ist abgeklungen. Statt um Zukunftsprojekte zu kreisen wie in jüngeren Jahren, wenden sich Gedanken und Gespräche vermehrt der Vergangenheit zu. Und die gemeinsame Rückschau auf die lange Reihe gemeinsam durchlebter Ereignisse und Erfahrungen führt zu einer neuen Intensität der Verbindung. Wissenschaftliche Untersuchungen haben eine Relation zwischen dem persönlichem Befinden älterer Menschen und der Art ihrer Geschwisterbeziehung erwiesen. Danach scheint sich ein guter, stabiler Kontakt vor allem zu einer älteren Schwester ganz besonders positiv auszuwirken. Für viele ist die enge Tuchfühlung mit ihren Geschwistern so etwas wie ein Bollwerk gegen Einsamkeit und Depression. Sie brauchen nicht unbedingt tätige Unterstützung, sondern es genügt das Wissen, sich im Notfall auf Bruder oder Schwester verlassen zu können.

Der Austausch von Erinnerungen spielt bei der Wiederannäherung von Geschwistern eine zentrale Rolle. Fachleute sehen darin nicht nur ein wehmütig schmunzelndes Hervorkramen alter Geschichten. Sie sprechen von »Erinnerungsarbeit« und meinen damit die gemeinsame Spurensuche in der eigenen Vergangenheit und der Familiengeschichte. Nichts kann besser offenbaren, wie verschieden die erinnerte Wirklichkeit bei jedem Einzelnen aussieht und wie sehr die gespeicherte Wahrnehmung von der jeweiligen Eigenart gesteuert wird. Deshalb kann auch nichts besser als der gemeinsame Blick zurück dazu beitragen, Missverständnisse, Verletzungen oder vermeintliche Ungerechtigkeiten auszuräumen.

Ingrid, 62, hatte bei einem solchem Austausch mit ihren beiden Brüdern das Gefühl, als erweitere sich für sie alle drei der Erinnerungshorizont: »Es kam mir vor, als setzten wir ein Mosaik aus vielen Fragmenten zusammen. Das Bild wurde immer umfassender und deutlicher und eröffnete ganz neue Perspektiven. Zum Beispiel fanden wir im Team eine plausible Erklärung für die Trennung unserer Eltern. Und mein älterer Bruder wusste noch, dass ich vor lauter Angst vor unserem leistungsorientierten Vater ein Zeit lang stotterte, was ich gründlich verdrängt hatte. Seitdem ist mir klar, warum ich mit meinen Kindern so nachsichtig umgegangen bin.«

Geschwister und die erinnernden Gespräche mit ihnen sind nach Forschermeinung ein nahezu unverzichtbarer Beistand bei der Durchleuchtung der Vergangenheit und dem Versuch, zu begreifen, warum jeder von ihnen zu dem wurde, was er heute ist. »Weißt du noch?«, »Erinnerst du dich nicht?«, »Wie war ich damals?«, »Was ist mit dir passiert?«

Vielleicht werden sie Seite an Seite 70, 80 oder sogar mehr als 90 Jahre alt. Wie Brüder und Schwestern mit dem Tod eines Geschwisters umgehen, hängt von ihrem Verhältnis zu dem Verstorbenen ab. Standen sie in sehr engem, herzlichem Kontakt mit ihm, fühlen sich viele wie amputiert und haben Schwierigkeiten, die neue Leerstelle in ihrem Leben zu verkraften. Manchen, wie Ilse mit ihren 79 Jahren, macht der Tod des Bruders aber auch den bevorstehenden eigenen Abschied leichter:

»Ich bin nie fromm gewesen, aber mit meinen Gedanken an Julius muss ich einfach irgendwohin. Er war immer da, so lange ich mich erinnern kann – mein großer Bruder. Jetzt stelle ich mir vor, er ist im Himmel und wartet auf mich und passt auf, dass ich zum richtigen Zeitpunkt heimkomme, so wie früher. Ein bisschen albern, aber sehr tröstlich.«

War die Beziehung lebenslang eher lau und auf Höflichkeitskontakte beschränkt, wird der Tod eines Geschwisters meistens ohne große emotionale Verwerfungen hingenommen. Als Schlussstrich unter den normalen Lauf des Lebens eben.

Gar nicht so wenige Menschen scheinen im Alter aus dem Tod eines Geschwisters sogar noch einmal einen Schuss Vitalität zu beziehen, vor allem, wenn der oder die Verstorbene jünger war. Das eigene Überleben lässt sich gut als besonderes Gütesiegel interpretieren, und das kann schon das ein oder andere Jährchen weiterhelfen.

Püppi, von Geburt an Star der Familie, triumphierte nach dem Tod ihrer jüngeren, aber immerhin auch schon 68-jährigen Schwester Lotte beim Ausräumen der Wohnung: »Seht euch diese dicke Lesebrille an! Fast blind muss sie gewesen sein! Und diese Klebeblumen in der Wanne! Wer rutscht denn schon beim Duschen aus?« Dazwischen weinte sie in die von Lotte geerbten Pullover.

Egal, wie nahe sie einander standen, die Beziehung zwischen Geschwistern endet nicht, wenn eines von ihnen stirbt. Sie ist – Forscher betonen das immer wieder – tatsächlich die längste Beziehung des Lebens: Sie beginnt schon vor der Geburt und führt über den Tod hinaus. Bei denen, die einander sehr verbunden waren, wird der oder die Verstorbene zum inneren Gefährten, mit dem man weiter Zwiesprache halten kann, von dem man sich behütet fühlt, der durch Träume und Gedanken wandert. Im Negativen reißt das Band genauso wenig ab: Unter zerstrittenen Geschwister bleibt der Groll oft auch dann noch lebendig, wenn das Objekt des Zorns längst tot ist. Selbst tief verfeindete oder absolut desinteressierte Geschwister werden einander nicht los, trotz gegenteiliger Behauptungen. Ob wir wollen oder nicht, unsere Geschwister gehören zu uns, sie sind ein Teil unseres Schicksals.

Liebe: die Kraft, nicht nur die eigene, sondern auch die Unvollkommenheit eines anderen lebenslang zu ertragen.

Ron Kritzfeld

4.4 Wenn Partner den Geschwisterkreis erweitern

»Mein älterer Bruder hat eine resolute, zupackende Frau geheiratet, die neben ihrem Beruf als Lehrerin auch noch den Fünf-Personen-Haushalt mit links schmeißt«, erzählt Ella, eine kleine, drahtige Person. Sie versteht nicht das Geringste von Haushaltsführung und flitzt am liebsten auf ihrem Rennrad durch die Gegend. »Mein Mann ist ein Alt-68er«, berichtet sie, »immer noch links, nur ohne den Rübezahlbart von damals. Wenn ich diese Sammlung betrachte und das Bild unserer Eltern danebensetze – sie ganz und gar Gesellschaftsdame, er renommierter, konservativer Chefarzt –, kann ich über das traditionelle Rezept zur Eheschließung nur lachen.«

Nach herkömmlicher Meinung gibt es für die Partnerwahl ein festes Schema: Männer suchen, wenn auch unbewusst, eine Partnerin, die ihrer Mutter ähnelt, und Frauen einen Partner nach dem Vorbild des Vaters. Hin und wieder trifft das sicher zu, aber längst nicht immer, wie sich durch reinen Augenschein feststellen lässt. Eher selten bringen sämtliche Töchter eines vierschrötigen, bärbeißigen Vaters ebensolche Kerle nach Hause, und eine zarte, anfällige Mutter kann durchaus robuste Schwiegertöchter bekommen.

Haben vielleicht eher die Familienforscher Recht, aus deren Sicht die Position in der Geschwisterfolge entscheidend ist für die Partnerwahl? Ihrer Theorie entsprechend sollen Erstgeborene und Nesthäkchen eine ideale Kombination ergeben. Für Sandwich-Kinder ist es angeblich am zuträglichsten, sich untereinander zu verbinden, während das jüngste Kind neben dem ältesten genauso gut mit einem flexiblen mittleren harmonieren könne. Auch für diese These lassen sich allerdings ebenso viele Belege wie Gegenbeispiele finden. Möglicherweise gibt es ja gar kein allgemein verbindliches Muster für eine glückbringende Partnersuche. Sicher scheint allerdings, dass Geschwister eine nicht zu unterschätzende Rolle bei der Wahl spielen und auch bei dem, was daraus wird. Und umgekehrt haben die »Neuzugänge« großen Einfluss auf den weiteren Verlauf der Geschwisterbeziehung.

Wenn Geschwister sich – wie von der Forschung behauptet – in ihren charakteristischen Merkmalen tatsächlich nicht mehr ähneln als x-beliebige in derselben Umgebung und im selben Milieu aufgewachsene Gleichaltrige, ist es nur logisch, dass sie auch ihre jeweiligen Partner nicht nach identischen Gesichtspunkten aussuchen. Und plötzlich kommt ordentlich Bewegung in das bestehende Gefüge. Durch das Fremde, Andersartige, mit dem sie sich konfrontiert sehen, sind alle Beteiligten gezwungen, ihren Umgang miteinander zu überdenken, vielleicht auch neu zu regeln.

»Dass Bastian, mein Bruder, sich plötzlich mit einer wie Britta zusammentat und sogar eine gemeinsame Wohnung mit ihr bezog, war für mich ein echter Schock. So was von aufgebrezelt und maniert! Das gab's in unserer Familie einfach nicht. Keine halbe Stunde halte ich es mit ihr aus. Aber soll ich deshalb meinen Bruder abhaken?« Clemens setzt auf die Strategie der getrennten Wege: Seit ein paar Monaten trifft er sich regelmäßig mit Bastian in der gemeinsamen Lieblingskneipe auf ein Bier. Das Thema Britta wird dabei konsequent ausgespart.

Ignorieren lässt sich so ein unwillkommener Zusammenschluss gewöhnlich nur bis zum Zeitpunkt der Hochzeit. Dann wird der »Fremdkörper« auf einmal zum gleichwertigen Mitglied der Familie mit Anspruch auf Wahrnehmung, Respekt und Mitsprache. Und dem, der die Verbindung zu Bruder oder Schwester nicht verlieren will, bleibt keine Wahl: Die Toleranzschwelle muss niedriger geschraubt und das neue Clanmitglied so akzeptiert werden, wie es ist. Auch wenn es einiges an Selbstüberwindung kostet.

In jeder halbwegs intakten Familie gibt es einen Fundus an Traditionen – bestimmte Floskeln, Gesten und Geschichten, Begrüßungsriten und Arten, gemeinsam zu essen, zu feiern oder Krisen zu bewältigen. Geschwistern ist das alles von klein auf vertraut, sie können spielerisch und ganz selbstverständlich damit umgehen, während ein Neuling in ihrem Kreis womöglich keine Ahnung hat, warum dieser Witz oder diese Anspielung gerade jetzt vom Stapel gelassen wird. Bei einem, der den Erwartungen vielleicht nicht hundertprozentig entspricht, kann die Versuchung groß sein, ihn an den familiären Gewohnheiten wie an einem Bollwerk aufprallen zu lassen. Als deutliches Signal: Du gehörst nicht dazu! Du bist nicht willkommen!

Genauso groß ist in solch einem Fall allerdings die Gefahr, dass der Brüskierte sich samt seinem »Herzblatt« von der unfreundlichen Geschwisterschar abwendet und dafür sorgt, dass die alte, enge Beziehung nie wieder zustande kommt.

Wenn es auch sicher nicht unbedingt leichtfällt, den vertrauten Kreis für ein neues Mitglied zu öffnen und das womöglich mehrfach – die Mühe lohnt sich. In einem Klima von Aufgeschlossenheit, Bereitwilligkeit, Verständnis und Anteilnahme haben die Partner der Geschwister eine Chance, ihren Platz in dem ungewohnten Umfeld zu finden, sich richtig einzunisten. Obendrein können sie ihren eigenen Bestand an Sitten und Bräuchen einbringen, was den meisten eingebackenen Familienstrukturen sehr gut bekommt.

In Heiners Sippe gab es jahrelang nur konventionelle Kontakte unter den Geschwistern. Glückwunschkarten oder Anrufe zu den üblichen Festtagen und damit Schluss. Bis Lena auf den Plan trat, die Frau seines jüngeren Bruders: Schon im ersten Sommer nach ihrer Heirat hat sie ein Familientreffen organisiert – für die ganze Bagage, alt und jung, verschwistert, verschwägert, sogar »Kurzzeit-Anhängsel« durften mitmachen. »Ich weiß noch, wie wenig begeistert der Rest von uns auf diese Idee reagiert hat. Aber dann sind doch alle gekommen, und es wurde eine Riesengaudi. Inzwischen haben wir drei Geschwister uns mit Partnern und Kindern auf vierzehn vermehrt, jeder ist mit jedem vertraut, und wir treffen uns mindestens einmal im Jahr. Lena sei Dank.«

Selbst bei nur mäßig geschätztem Geschwister-Zubehör finden sich irgendwelche Anknüpfungspunkte, über die ein Brückenschlag möglich wird.

Irene etwa entdeckte – wenn auch nur mit einer Menge gutem Willen – eine ansprechende Seite an ihrem staubtrockenen Schwager Werner: »Er liegt mir überhaupt nicht, ein richtiger Erbsenzähler, mit dem man überhaupt keinen Spaß haben kann. Aber er hat mir angeboten, meine Steuersachen zu erledigen, und das finde ich natürlich sensationell. Hilfsbereit ist er also schon mal. Wer weiß, welche Schätze sich sonst noch bei ihm heben lassen.«

Trotz aller Bemühungen klappt es allerdings nicht immer mit der Integration des Partners von Bruder oder Schwester. Manchmal kommt es darüber zum Bruch zwischen den Geschwistern, in anderen Fällen jedoch ist ihnen die bewährte Nähe und Vertrautheit so viel wert, dass sie den »Fremdling« lieber wieder absondern, als sich wegen ihm mit den Geschwistern zu überwerfen.

Silvia, die mittlere von drei Schwestern, zog mit Chris zusammen und heiratete ihn schließlich. Obwohl er Silvias Verwandtschaft seit Jahren kannte, mäkelte er permanent an allen familiären Eigenarten und Gewohnheiten herum. Mit seinem FH-Studium meinte er, etwas Besseres zu sein als seine Frau, die Sachbearbeiterin bei einer Versicherung ist, und ihre Schwestern, die eine Filialleiterin einer Wäschefirma, die andere Sekretärin. In sämtlichen Bereichen des Lebens wollte Chris den Ton angeben – was das Essen betraf, die Einrichtung, Urlaubsreisen, politische Ansichten … Anfangs hörte man ihm geduldig zu, doch irgendwann nervte er nur noch. Und zwar so sehr, dass Silvias Schwestern kaum mehr Kontakt zu ihr hielten. Der alte Vater regte sich über die Entfremdung auf bis zum Herzinfarkt, und das machte die Sache noch schmerzhafter. Alleingelassen mit ihrem Mann, bekam Silvia die volle Ladung an Häme und Überheblichkeit zu spüren, bis sie sich von Chris trennte. Seit der Scheidung fühlen sich die Schwestern so eng verbunden wie nie zuvor.

Schwelende Spannungen unter Geschwistern werden durch Lebens- oder Ehepartner eher noch weiter angeheizt als eingedämmt, weil sie ihrem Gefährten – oft blindlings – den

Rücken stärken und nach Kräften für seine Interessen eintreten. Von solcher Parteinahme können auch die Eltern betroffen sein, was wiederum für Missstimmung innerhalb der Geschwistergruppe sorgt. Wer ist schon begeistert, wenn Schwager oder Schwägerin für ihre jeweiligen Liebsten bei den Eltern buhlen und deren Sicht der Dinge steuern wollen? Wer schätzt es, wenn unterschiedliche politische oder weltanschauliche Standpunkte durch die Einmischung der Partner zum Familienkrieg hochgeschäumt werden? Gar nicht so selten stirbt die Beziehung der Geschwister darüber definitiv ab und endet in Krach und Unversöhnlichkeit.

Ebensogut kann es aber sein, dass die Neulinge im Geschwisterkreis das Einverständnis und die Verbundenheit untereinander festigen und ihm sogar noch Auftrieb geben. Dann trifft man sich vielleicht regelmäßig zum Sonntagsbrunch, zu Picknicks und Kinogängen, hütet wechselseitig den Nachwuchs oder mietet ein großes Haus für die Ferien mit Kind und Kegel am Meer oder in den Bergen. Nach Expertenmeinung funktioniert dergleichen besonders gut, wenn die Gefährten der Geschwister einen ähnlichen familiären Background haben und ein Grundkonsens zwischen allen besteht. Wenn man sich nicht erst mühsam zusammenraufen oder Hürden abtragen muss. Manche Geschwister haben so eine grundsätzliche Übereinstimmung bei ihrer Partnerwahl von vornherein im Auge.

»Ich würde nie jemanden heiraten, den mein Bruder ablehnt,« sagt Kathrin, 32, »dafür ist mir unsere gute Beziehung zu wichtig. Außerdem weiß ich, dass ich mich auf seine Nase verlassen kann. Er hat ein unheimliches Gespür für Menschen und merkt, wenn etwas nicht stimmt, was ich vor lauter Verliebtheit vielleicht nicht sehe. Am schönsten wäre es, wenn mein Mann sein Freund sein könnte.«

Im Lauf eines langen Lebens gibt es zwischen Geschwistern fast immer reichlich Konfliktpotenzial, an dem die Partner wesentlich beteiligt sind. Anlass für Neid, weil der eine die Kinder hat, die dem anderen versagt bleiben; Stoff für Eifersucht, weil einer mit dem besonders attraktiven oder erfolgreichen »Goldstück« an seiner Seite überall der Star ist; Motive für Bitterkeit, weil man selbst mit Eheproblemen oder Scheidung zu kämpfen hat, während die Geschwister im Glück zu schwimmen scheinen. Vielleicht stehen einem die eigenen Projektionen im Weg, wenn Bruder oder Schwester sich bei ihrer Partnerwahl vollkommen anders entscheiden, als man für sie geplant oder erträumt hat. Manchmal erträgt auch eines der »Anhängsel« die enge Verbindung unter den Geschwistern nicht und versucht mit permanenten Störmanövern, einen Keil zwischen sie zu treiben.

»Wir konnten uns lange nicht erklären, warum unsere Schwester Ulla nach ihrer Heirat bei keiner unserer üblichen Zusammenkünfte mehr auftauchte«, berichtet Carlo. »Egal, bei welchem Anlass, regelmäßig kam ihr etwas dazwischen. Mal war das Auto defekt. Mal musste sie mit zu den Schwiegereltern, die sonst angeblich furchtbar enttäuscht wären. Mal bekam Erik, ihr Mann, plötzlich schlimme Magenkrämpfe und brauchte sie. Irgendwann ging einem von uns auf, dass immer Erik hinter ihren Absagen steckte. Für jeden unserer Termine dachte er sich offenbar ein Hindernis aus. Wenn man das System einmal durchschaut hat, lässt es sich nicht mehr übersehen. Ob er eifersüchtig ist oder einfach keinen Familiensinn hat, wissen wir nicht. Bisher hat noch keiner von uns mit Ulla darüber geredet. Sie liebt ihren Erik, und wir wollen ihr Glück nicht ankratzen. Vielleicht merkt sie ja eines Tages selbst, was er da abzieht. Wir bleiben jedenfalls am Ball und probieren es einfach weiter.«

Ob man aufgibt oder sich im Gegenteil vielleicht erst recht ins Zeug legt, wenn eines der Geschwister durch seinen Gefährten von den übrigen abgeschottet wird, hängt davon ab, wie das Verhältnis in der Vergangenheit war. Eine eher spröde Beziehung verleitet sicher zu baldiger Resignation, während die Erinnerung an eine enge, liebevolle Verbindung oft auch dann noch das Durchhaltevermögen stärkt, wenn die Sache aussichtslos erscheint.

Inga und Gesa, 64 und 67 Jahre alt, haben mehr als ihr halbes Leben lang darauf gehofft, eines Tages wieder vereint zu sein:

»Wir hätten besser aufpassen sollen«, sagt Inga. Ihre Schwester nickt. »Wir sind einfach an die falschen Männer geraten. Für sich allein war jeder der beiden liebenswert, fürsorglich, wirklich in Ordnung. Aber über Kreuz ging gar nichts. Sie konnten sich absolut nicht leiden, vom ersten Moment an. Und das dehnte jeder auf die Frau des anderen aus. Mit unseren vielen Schlichtungsversuchen während all der Jahre sind wir keinen Millimeter weitergekommen. Wir mussten sogar heimlich telefonieren und uns postlagernd schreiben, wenn wir keinen Mordskrach wollten. Nach dem Tod der beiden Männer vor zwei und drei Jahren sind Inga und ich von Hamburg nach Lindau gezogen, nicht in eine Wohnung, aber in dieselbe Straße. Man soll so etwas ja nicht sagen (Gesa flüstert hinter vorgehaltener Hand), aber uns geht's jetzt entschieden besser.«

5. Das Für und Wider von Geschwistern

Mit Geschwistern leben heißt: in ein immerwährendes Gefühlsbad tauchen – in eine Mixtur aus Anziehung, Abneigung, zärtlicher Verbundenheit, Wut, Freude, Trauer ... Mal ist dieses Bad Balsam für die Seele, mal die reine Strapaze. Jede Beziehung zwischen Brüdern und Schwestern ist begleitet von einem vielschichtigen Gefühlswirrwarr, das sich im Laufe des Lebens immer wieder ändert. Das Geschwister-Dasein sei eine ziemlich ambivalente Angelegenheit, sagen die Forscher. Wer mit Bruder oder Schwester aufgewachsen ist, kennt dieses ewige Auf und Ab.

5.1 Von positiver Konkurrenz und negativer Rivalität

Zusammen mit Geschwistern aufzuwachsen ist für viele keine bereichernde, sondern eine anstrengende, vielleicht sogar qualvolle Erfahrung, geprägt durch ewiges Vergleichen, Aufrechnen und das Gefühl, immer zu kurz gekommen zu sein.

Ihre Brüder sind ihr ein paar Jahre voraus. Seit sie denken kann, wurmt es sie, der Nachkömmling in ihrer Sippe zu sein. Nesthäkchen für alle Zeit. Nie sei sie gerne die Jüngste gewesen, erzählt eine resolute 30-Jährige. Und wenn sie mit ihren Brüdern zusammen sei, komme ihr in den Sinn, unendlich viel verpasst zu haben. Dieses Gefühl nage an ihr und tue weh. »Richtig eifersüchtig werde ich, wenn ich mir vorstelle, was die Jungs schon alles getan und erlebt haben, als ich noch gar nicht auf der Welt war!« berichtet sie und malt sich auch als Erwachsene noch in allen Einzelheiten aus, wie viel Spaß ihre Brüder in den ersten Lebensjahren hatten und das »Ohne mich« schwingt dabei immer schmerzhaft mit. Riesige Bauklotzburgen haben die Jungen im Kinderzimmer gebaut, fröhliche Märsche am Meer entlang gemacht – weiß der Himmel, was sie noch alles erlebt haben! Sie kennt die Geschichten ja nur vom Hörensagen und aus dem Fotoalbum. Keine Chance, das Verpasste je aufzuholen, das ist ihr klar. Aber hat sie nicht wenigstens die Chance, die beiden einzuholen? Seit Kinderzeiten arbeitet sie mit aller Kraft daran, mit den Großen gleichzuziehen. Dieses Ziel verfolgt sie ehrgeizig. So hat sie ein besseres Abitur hingelegt als ihre Brüder. Ist mutiger ins Ausland abgeschwirrt, um dort zu arbeiten. Ist rundum besser informiert als die Älteren. Viele Anstrengungen hat sie unternommen, um die Nase endlich vorne zu haben, und spornt sich immer wieder selbst zu Höchstleistungen an in dem Bewusstsein: »In der Geschwisterreihe mag ich zwar die Letzte sein, aber eigentlich bin ich die Erste! Wäre doch gelacht, wenn ich diese beiden Hanseln nicht abhängen könnte!«

Geschwisterliche Beziehungsdramen bieten Stoff für unendliche Geschichten, Romane, Schauspiele. Auch Märchen beschäftigen sich mit Geschwisterfreuden und -leiden. Wo, wie und wann entsteht die Fähigkeit, die Geschwister dazu bringt, ihre Kräfte zu bündeln, sich gegenseitig anzutreiben und zwar jenseits zerstörerischer Rivalität? Die wichtigsten Voraussetzungen dazu sind gleichermaßen gute Entwicklungschancen in der Kindheit. Entscheidend dabei sei die Haltung der Eltern jedem einzelnen Kind gegenüber, sagt die Wissenschaft und weist gleichzeitig darauf hin, dass die Gleichbehandlung von Geschwistern, ein häufig erklärtes elterliches Erziehungsziel, unrealistisch sei. Der Grund: Jedes Kind hat seine eigene Persönlichkeit, seine eigene Intelligenz, seine eigenen Talente, seinen eigenen Charakter. Das verlieren Eltern in der Hektik des Alltags leicht aus den Augen, denn für sie ist es bequemer und einfacher, Bruder und Schwester gleichzusetzen. Genau das aber ist nicht der Stein der Weisen, weil jeder in seiner Einzigartigkeit gesehen, gewürdigt und keinesfalls mit seinen Geschwistern über einen Kamm geschoren werden will. Also besteht die Kunst darin, auf jedes Geschwisterkind möglichst individuell einzugehen. Das ist auch deshalb sinnvoll, weil jedes seine eigenen Lebensbedingungen innerhalb seiner Familie hat, und diese Bedingungen stimmen nie von A bis Z mit den Lebensbedingungen der Geschwister überein, da sich jedes Familiengefüge laufend verändert.

In ihren Anfängen lebte seine Familie im Vorort einer hektischen Großstadt. Während der jüngste Spross der Fami-

lie noch im Kinderwagen schlummerte, besuchte die ältere Schwester bereits einen ambitionierten Privatkindergarten mit Extraförderprogramm, initiiert von noch ambitionierteren Eltern, die Rivalitäten unter den Kindern bewusst schüren mit dem Argument: Sie müssen lernen, sich durchzusetzen! Allen war frühzeitig klar, welcher Mini das Zeug zum Herrscher hatte und wer eher zum Underdog taugte. Die Eltern der beiden versuchten, ihre kleine Tochter vor den Sandkastenrambos im Kindergarten zu schützen und Gegengewichte zu setzen: Zu Hause ging es gemütlicher zu.

Bei dem Sohn sah die Sache völlig anders aus. Als er ins Kindergartenalter kam, war die Familie umgezogen. Er besuchte einen idyllischen Dorfkindergarten, eine nette, harmlose Bewahranstalt alten Musters. Gezielte Förderung im Vorschulalter? Keine Spur davon.

Die Kinder tobten fröhlich und unbeschwert durch ihren Kindergartenalltag. Deshalb stellten die Eltern für ihren Sohn, ganz anders als Jahre vorher bei ihrer Tochter, zu Hause ein Förderprogramm mit Kreativ- und Denkspielen auf die Beine. Obwohl ein paar Jahre älter, hat die Große begeistert dabei mitgemacht und war als Sparringpartner gut zu gebrauchen. Diese besondere Partnerschaft ist bis heute geblieben.

Schwester und Bruder werden zwar unter unterschiedlichen äußeren Bedingungen groß, haben aber gute Startchancen ins Leben, wenn sich ihre Eltern gleichermaßen einfühlsam und engagiert für ihre Belange einsetzen.

Noch eins: Geschwister erleben nie das Gleiche, denn sie werden durch die Spiele, Rituale und Erlebnisse ihrer Kindheit in unterschiedlicher Weise geprägt. Freut sich der eine an Familienfesten, sind die Treffen für den anderen langweilig. Erlebt der eine den Besuch der Oma als Höhepunkt, sagt der andere: »Ist doch langweilig!«

Geschwister treten immer wieder als Konkurrenten an, von klein auf in einen ewigen Wettstreit verwickelt. Mal heißt es: »Wetten, dass ich den Kirschkern weiter spucke als du?« Oder: »Wetten, dass ich schneller auf einem Bein hüpfe als du?« Und später: »Wetten, dass ich eine größere Runde mit dem Hund jogge als du?« Oder: »Wetten, dass ich einen noch preisgünstigeren Flug im Internet finde als du?« Solange die Vergleiche launig und spaßig gemeint sind, sind sie vergnüglich. Gelingt das Zusammenspiel, bleibt ihnen ein besonderes Faible für gemeinsame Karten-, Brett-, Gesellschaftsspiele, weil sie dabei ihr Können, ihre Kräfte, ihr Glück messen können. Ein Extraspaß: Sie bringen sich gegenseitig gerne mit Sprüchen auf Trab wie »Du warst schon immer ein begnadeter Schummler!« oder »Du warst auch schon mal schneller im Denken!« Selbst raue Töne werden nicht übelgenommen, und Kritik wird weggesteckt, wenn der Wettkampf spielerisch bleibt. Die Freude am Frotzeln, die den Wetteifer in Schwung bringt, leben andere vielleicht beim Sport aus, indem sie sich gegenseitig begeistert über Tennis- oder Golfplätze scheuchen. Dabei belauert einer den anderen – ein seit langer Zeit eingespieltes Ritual läuft ab: Wer ist cleverer, geschickter, belastbarer als der andere?

Wer ist der besserer Techniker? Der Wettstreit macht den meisten dann besondere Freude, wenn es fröhliche Gewinner und einigermaßen gefasste Verlierer gibt, die das Kräftemessen genießen und im Wettkampf fair bleiben.

Nur noch selten schneien die vier Brüder, alle längst erwachsen, bei ihren Eltern herein. Nach dem ersten »Hallo!« und »Wie geht's?« dauert es nicht lange, bis alle in Sportklamotten Richtung Sportplatz traben und Fußball spielen. Beim Bolzen nehmen sie sich gegenseitig auf die Schippe, lachen sich schlapp darüber, dass einer von ihnen schnell aus der Puste gerät: »Kein Wunder, bei der Wampe, die du durch die Gegend trägst!«, und rufen: »Du hast das Tor auch schon mal besser getroffen!« Droht dann wirklich ein Tor, wird die Sache schnell ernst. Nun kämpfen die Parteien mit vollem Einsatz gegeneinander. Der Gewinner wird von den Gegnern fröhlich beglückwünscht.

Geschwister beobachten sich, lernen miteinander und voneinander: »Wie packt er dieses Problem an und wie löst er es?«, »Wie kommt sie im Beruf klar?« Ihre Konkurrenz war und ist der Motor, der zu neuen Leistungen anspornt. Ein produktiver Wetteifer kann zum Spiel zwischen Geschwistern werden, von dem alle gleichermaßen profitieren.

Aber warum dieses dauernde »Wetten, dass ich schneller, besser, schlauer bin als du«? Worin besteht eigentlich der besondere Reiz?

Geschwister unterstützen einander als Entwicklungshelfer. Im besten Fall bringen sie frischen Wind in ihren jeweiligen Alltag, feuern sich an wie früher beim Fußballspiel oder motivieren sich gegenseitig wie einst bei ungeliebten Hausaufgaben. Kommen Geschwister gut miteinander aus und ist ihre Beziehung weder durch Neid noch durch Missgunst belastet, dann messen sie fröhlich vereint ihre Kräfte: »Wettlauf. Bewegung schadet uns beiden nicht. Früher war ich schneller – bist du es heute?« Oder: »Wollen wir Schach spielen? Soll ich deine grauen Zellen auf Trab bringen?« Oder: »Früher warst du besser beim Lösen von Kreuzworträtseln. Und heute?« Wer sich locker und entspannt auf gemeinsame Wettspiele einlässt, kann beim Kräftemessen neue Energie tanken und Freude erleben: »Zusammen werden wir immer besser!«

Beflügeln sich Geschwister gegenseitig, liegen sie in positivem Wettstreit miteinander und freuen sich gemeinsam über Siege und Erfolge, dann bewahren sie diese Fähigkeit in der Regel ein Leben lang. Wer gute Entwicklungschancen in seiner Kindheit und Jugend hatte, kann später positiv mit anderen in Konkurrenz treten und begegnet seinen Geschwistern in jedem Alter offen, lässt sie gelten und kooperiert mit ihnen in verschiedenen Bereichen wie etwa Familie, Beruf und Freundeskreis. Bruder oder Schwester an der Seite zu haben bedeutet selten Friede, Freude, Eierkuchen und häufiger Streit, Sturheit und Selbstbehauptungswillen: Bloß nicht unterbuttern lassen! Dabei wird gelernt, sich zu verständigen, tolerant und gelassen zu sein.

Doch warum können nicht alle, die mit Bruder und Schwester groß geworden sind, diese heitere Gelassenheit im Umgang miteinander aufbringen? Warum will sich positive

Konkurrenz mitunter nicht einstellen? Warum vergeuden so viele ihre Kräfte stattdessen in destruktiver Rivalität und hadern ihr Leben lang miteinander? Weil viele als Kinder einfach keinen festen Platz, keine gute, von allen anerkannte Position in ihrer Familie hatten und oft bis ins Erwachsenenalter nicht haben. Wer als Kind offensichtlich benachteiligt, wer in seiner Familie nicht als vollwertiges Mitglied akzeptiert und dadurch in der Entfaltung seiner Möglichkeiten und Fähigkeiten gehemmt wird, dem bleibt oft nichts als Rivalität und Kampf. Zerstörerische Kräfte werden mobilisiert im Gegensatz zur produktiven Konkurrenz.

Nicht wenige Geschwisterbeziehungen sind bereits in der frühen Kindheit durch Eifersucht und Rivalität belastet. Diese negative Spirale kann ihren Anfang nehmen, wenn die Kinder unbewusst die Konflikte ihrer Eltern austragen. Oder wenn einer aus der Geschwisterreihe von einem Elternteil als Partnerersatz ausgeguckt wird. Vor allem jedoch – auch hier wirkt sich das »Entthronungsdrama« aus –, wenn ein kleiner Bruder oder eine kleine Schwester zur Welt kommt und das ältere Kind den Eindringling skeptisch beäugt, voller Angst, seine Eltern jetzt teilen zu müssen, damit sie sich dem Kleinen intensiver widmen können. Besonders schmerzhaft empfindet ein Kind diese Angst, wenn es selbst noch klein und damit besonders auf Zuwendung angewiesen ist. Umso wichtiger ist, dass die Eltern gleich versuchen, diese nachvollziehbare Angst zu mildern.

Versäumen sie jedoch gegenzusteuern, gestresst und rund um die Uhr mit dem Baby beschäftigt, empfindet manches

Kind die Ankunft eines kleinen Geschwisters als große Bedrohung, als Trauma. Traumatische Ereignisse hinterlassen Wunden, die ein Leben lang nachwirken können.

»Meine Mutter hat früher einen Affenzirkus um meinen kleinen Bruder gemacht. Er war der Kronprinz in unserer Familie. Ich war ja ›nur‹ ein Mädchen. Noch heute spüre ich, wie weh es tat, einfach mit einer Nebenrolle abgespeist zu werden. Ich war eifersüchtig, wütend, neidisch. Und da mein Bruder zu Hause gnadenlos vorgezogen wurde, haben sich diese negativen Gefühle über die Jahre nicht gegeben. Im Gegenteil: Ich habe sie ernährt und meinem Bruder nicht die geringste Chance gegeben, eine normale Beziehung zu mir aufzubauen. Wenn er auf mich zukam, habe ich ihn nur weggebissen. Habe mir alle Mühe gegeben, ihn schlechtzumachen. Und schließlich hatte ich mein Ziel erreicht: Er hat zurückgeschlagen. Wir haben uns nur noch gezankt, ausgetrickst, angeschwärzt. Wir rivalisieren, wo es nur geht, und das bis heute.«

> *Es bleibt zwischen Menschen, sie*
> *seien noch so eng verbunden, immer*
> *ein Abgrund offen, den nur die Liebe,*
> *und auch nur mit einem Notsteg,*
> *überbrücken kann.*
>
> Hermann Hesse

Manche Geschwisterbeziehung erinnert an die Geschichte von den getrennten Königskindern, die einfach nicht zueinanderkommen können. Ihre Rivalität ist der Graben, der sie trennt und den sie nicht überwinden können. Viele bringen die Voraussetzungen aus ihrer Kindheit für ein stabiles Miteinander einfach nicht mit. Woran mangelt es ihnen? Viele haben kein gutes Selbstbewusstsein, keinen festen Boden unter den Füßen und können deshalb auch keine feste Bindung zu ihren Geschwistern aufbauen.

Dass es an einer guten gemeinsamen Basis mangelt, ist oft Sache der Eltern. Ihr Erziehungsstil kann sich bis ins Erwachsenenalter negativ auswirken. Ein Fehler, der sich bis ins Erwachsenenalter auswirken kann: Haben Eltern zu feste Vorstellungen darüber im Kopf, wie sich ihre Kinder entwickeln sollen, fällt es ihnen schwer, ihrem Nachwuchs offen, interessiert und unvoreingenommen zu begegnen. Bei solchen Eltern soll alles nach Schema F ablaufen – nach einer Schablone, die sie gutheißen und vorgeben: Die jüngste Tochter wird auf immer als herzige Prinzessin abgestempelt, die niedlich durchs Leben zu tändeln hat, der älteste Sohn bereits als Kleinkind zum belastbarer Kraftbolzen erklärt, den man gut in die Pflicht nehmen kann, und eine mittlere Tochter hat den unkomplizierten Tausendsassa zu geben. Sollte sich der Kraftbolzen später als verträumter Romantiker, die Prinzessin als handfeste Praktikerin und der Tausendsassa als Sensibelchen erweisen, ist die Enttäuschung groß, und zwar nicht nur bei den Eltern, sondern auch bei den Geschwistern. Warum bei den Geschwistern? Weil Brüder und Schwestern gerne die Vorstellungen ihrer Altvorderen übernehmen und ihre Geschwister in die gleichen Schubladen packen wie die Eltern: Der Kraftbolzen soll sich gefälligst als groß und stark erweisen, die Prinzessin bitte weiterhin träumen und der Tausendsassa immer zur Stelle sein.

Die meisten Mütter, Väter und Geschwister sind übrigens fest davon überzeugt, unvoreingenommen im Umgang mit ihren Sprösslingen zu sein, sagen Experten.

In vielen Fällen spielt das Geschlecht bei den Erwartungen eine entscheidende Rolle: Die hübsche, kleine Schwester wird zum niedlichen, etwas hilflosen Feenwesen erklärt, das von Technik keine Ahnung haben muss. Die praktischen Dinge des Lebens sind Männersache. Dafür sind die Brüder zuständig.

»Noch nie in meinem Leben habe ich einen Nagel in die Wand gehauen«, erklärt eine Mittfünfzigerin mit Zufriedenheit in der Stimme. »Als Kind hatte ich Brüder, die dafür zuständig waren, später meinen Mann.«

Nachvollziehbar, dass die typischen familiären Rollenspiele einen starken Einfluss darauf haben, wie sich Geschwister später entwickeln. Manchmal können sie verheerend wirken und sind schuld daran, dass der spielerische Wetteifer in erbitterte Rivalität umkippt. Weil jeder die beste Position erobern will, wird gnadenlos um die Spitzenplätze beim Familienranking gerangelt. Kleiner Bruder, große Schwester – ganz egal, jeder möchte die Glanzrolle erwischen und der Star sein: das Lieblingskind seiner Eltern, belohnt mit intensiver Zuwendung. Dieser Kampf findet nicht nur in der Kindheit, sondern weit darüber hinaus statt. Aus dem

Bedürfnis nach Anerkennung entsteht der Wunsch, die geschwisterlichen Konkurrenten unbedingt zu übertrumpfen. Ist zu Hause die Rolle der Prinzessin schon besetzt, könnte man es ja mal mit der Rolle des Abenteurers versuchen, vielleicht steht sie ja etwas höher im Kurs. Oder sollte man sich als Seelchen darstellen und damit neue Chancen erobern, wenn der Posten des robusten Sportlers schon vergeben ist?

»Unser Vater stellte hohe Erwartungen an uns Söhne. Den Älteren hatte er schon frühzeitig als seinen Nachfolger ausgeguckt. Der sollte die Firma übernehmen. Und mein Bruder erfüllte prompt alle Erwartungen, mauserte sich zum perfekten Schreiner samt Meisterschule – alles in kürzester Zeit. Ich sollte dagegen studieren und gab mir ebenfalls alle Mühe, ein guter Studiosus zu werden, irgendwie immer in der Hoffnung, dann auch Papas liebstes Kind zu sein. Eine ziemlich anstrengende Angelegenheit, weil ich nicht die geringste Lust aufs Studium hatte. Viel lieber hätte ich auch eine Ausbildung zum Schreiner gemacht, aber das passte nicht ins Familienkonzept. Schließlich hatte ich das ganze Theater satt, verließ meine Heimatstadt, gab das Studium auf und machte weit entfernt von daheim ebenfalls eine Ausbildung zum Schreiner. Ich suchte und fand meine Nische schließlich als Möbeldesigner!«, berichtet ein älterer Mann, dem man ansieht, dass er heute mit sich und der Welt in der Balance ist. Irgendwann hatte jeder Bruder seinen eigenen Platz im Leben gefunden, und damit entspannte sich die Situation in der Familie. Später taten sich die beiden Brüder sogar wieder zusammen, gründeten eine gemeinsame Firma und schafften es, ihre negativen Rivalitäten zu begraben und stattdessen miteinander in einen produktiven Wettstreit zu treten.

Viele Mütter und Väter sind Weltmeister darin, ihre Nachkommen miteinander zu vergleichen – ein teuflisches Vergnügen, über das keiner lachen kann.

Sie wollte es nicht mehr hören. Jahrzehntelang wurde ihr die ältere Schwester als leuchtendes Vorbild vor die Nase gehalten. »Sei doch mal ein bisschen freundlicher!«, hieß es schon im Kindergartenalter. »Deine Schwester schaut nicht so muffelig aus der Wäsche wie du!« Und später: »Von deiner Schwester kannst du dir eine Scheibe abschneiden, sie ist gut in der Schule im Gegensatz zu dir!« Noch später: »Sie hat schon geheiratet. Und was ist mit dir?« Immer wieder sollte sie sich anstrengen, um so schön, so klug, so witzig und tüchtig wie ihre Schwester zu sein. Die ständige Vergleicherei war nicht zum Aushalten. Aus Trotz hat sie extra alles anders gemacht als ihre wunderbare Schwester. Und davon berichtet die alte Dame noch heute mit Stolz: »Ich bin meine eigenen Wege gegangen. Habe mir nie wieder reinreden lassen. Auch nicht von einem Eheman, und das war gut so! Wie das Verhältnis zur Schwester heute ist? Nicht besonders schlecht, nicht besonders gut. Unsere Wege haben sich auseinanderdividiert. Ich bin ja, kaum erwachsen, gleich gegangen, um ihrem Schatten zu entkommen!«

Worin gleichen sie sich? Was unterscheidet sie? Der Geschwistervergleich ist nicht nur ein bei Eltern beliebtes Spiel, sondern wird gerne von den Geschwistern aufgegriffen und weitergesponnen. »Ich habe mehr Locken als du!«, heißt es dann. Oder: »Deine Nase hast du von Oma geerbt. Ich habe glücklicherweise die schöne von Mama!« Und später: »Du bekommst eher eine Glatze als ich!« Und: »Hast du schon Krampfadern? Ich bleibe davon verschont!« Wer ist begabter, wer intelligenter? Wer hat mehr Erfolg im Beruf? Wer ist attraktiver, gilt mehr? Lauter Fragen, die miteinander rivalisierende Geschwister umtreibt. In unseren Zeiten, von Ängsten begleitet, neigen weniger Selbstbewusste dazu, sich mit solchen Vergleichen zu quälen. Verstärkt wird diese Quälerei, wenn andere mitmischen und die Geschwister gegeneinander ausspielen. Die Folge solcher Spielchen bei den Verlierern: Frust ohne Ende. Kränkung. Und bei den Gewinnern: Triumph. Appelle an die geschwisterliche Eintracht helfen nicht weiter, wenn Geschwister erbittert miteinander rivalisieren, sich gegenseitig mit großen und kleinen Querelen strapazieren und die altbekannten Liebe-und-Hass-Dramen immer wieder neu auflegen.

Wer Verletzungen seit Kindertagen mit sich herumschleppt, tut sich schwer mit einem vergnügten Hans-im-Glück-Bruder an seiner Seite, der unbeschwert durchs Leben turnt, und kommt gegen seine Eifersucht, seine Wut einfach nicht an. Und wer zu Hause mit zwei hübschen Stiefschwestern kämpft, die seit Jahren selbstverliebt an einem vorbeiziehen und im Erwachsenenalter vergnügt auf Selbstverwirklichungskurs segeln, fühlt sich wie das graue Aschenputtel.

Geschichten, Mythen und Märchen

Für die psychologische und soziologische Forschung sind Geschwister ein relativ neues Interessengebiet, erstaunlich eigentlich, wenn man bedenkt, wie lange und wie facettenreich die Gedanken der Menschen bereits um dieses Thema kreisen. Weltweit, in allen Kulturen.

Nach biblischer Überlieferung geraten schon Kain und Abel, die Söhne der ersten Eltern, in einen Rivalitätskampf mit tödlichem Ausgang. Esau wird von seinem jüngeren Bruder Jakob um das Recht des Erstgeborenen betrogen. Noch schlimmer trifft es Josef, das verwöhnte Nesthäkchen, den seine eifersüchtigen älteren Brüder nach Ägypten verkaufen. Hass, Missgunst und Rachsucht sind die Triebfedern dieser Geschichten, genauso wie die vieler Mythen des klassischen Altertums. Aber auch über Solidarität wird berichtet, so in der Sage von Zeus, der erst zum Götterkönig aufsteigen konnte, nachdem er seinen Vater Kronos mit Hilfe seiner Geschwister entthront hatte. Und dann teilte er die Macht mit seinen Brüdern: Hades bekam die Unterwelt, Poseidon das Meer und Zeus selbst behielt den Himmel. Über die Erde herrschten sie gemeinsam.

In der Welt der Märchen spielen Geschwisterbeziehungen in vielerlei Varianten eine zentrale Rolle. Jeder kennt die Geschichte vom armen, schönen *Aschenputtel*, das von der bösen Stiefmutter samt ihren üblen Töchtern geknechtet wird. Ebenso bekannt sind *Hän-*

sel und Gretel, die in ihrer Verlassenheit nur aneinander Halt finden. Manchmal, wie in der Geschichte *Die zwölf Brüder,* geht es um unverbrüchliche Treue zwischen Geschwistern, manchmal dreht sich alles um den Kleinsten und Schwächsten, der am Ende als Sieger dasteht, so zum Beispiel in *Der Däumling und der Menschenfresser. Einäuglein, Zweiäuglein und Dreiäuglein* erzählt von Neid und Versöhnung, *Fundevogel* dagegen vom glücklichen Schicksal eines angenommenen Kindes.

Wie im wirklichen Leben sind auch die Märchengeschwister sehr verschieden, bloß werden die Rollen hier besonders plakativ verteilt: der Kluge, der Starke, der Winzige, die Allerschönste oder Faulste oder Gemeinste. Und was in der Realität nicht selten zu lang anhaltenden Konflikten, wenn nicht sogar unversöhnlicher Feindschaft führt, findet im Märchen dank der ausgleichenden Gerechtigkeit immer ein gutes Ende. Warum nur dort? Märchen leben von uralter Weisheit, und es lohnt sich, ihr nachzuspüren.

Finden Geschwister nicht ihren eigenen Weg, bleiben sie Anhängsel ihrer Geschwister, verstrickt in unendliche Streitereien, hervorgerufen durch quälende Rivalität. Wer dagegen seine Nische in der Familie, im Beruf oder im Freundeskreis gefunden hat, steht auf festem Boden und kann sich selbst am Schopf fassen, sich aus dem Geschwistersumpf ziehen und der zerstörerischen Rivalität ein Ende setzen. Es ist ein befreiendes Gefühl, die Initiative zu ergreifen, die zu

Hause angelegten Bandagen abzulegen, das eingeübte Familientheater nicht länger mitzuspielen und einen Neuanfang mit den Geschwistern zu suchen. Auf dieser neuen Basis kann man Bruder oder Schwester endlich als eigenständige Wesen respektieren und umgekehrt denselben Respekt für sich selbst einfordern. Viele können so die erbitterten Rivalitäten wieder in produktiven Wettstreit mit den Geschwistern ummünzen. Keine leichte Aufgabe, und deshalb kann es seine Zeit dauern, bis der Berg, bestehend aus Vorbehalten, Beleidigungen, Desinteresse und Wut, endlich abgetragen ist und sich die Geschwister als reife, unabhängige Persönlichkeiten begegnen können.

5.2 Tiefe Verbundenheit und Freude aneinander

Erlebnisse wie die erste heimlich hinter dem Schuppen gepaffte Zigarette oder heiße Mau-Mau-Schlachten am Küchentisch schweißen zusammen. Wer außer dem Bruder weiß schon, wie strahlend blau das eigene erste Fahrrad war? Nur wenig bleibt Brüdern und Schwestern verborgen, denn sie haben alle Siege und Niederlagen der Kindheit und Jugend miterlebt. Sie wissen um den Streit mit dem Sportlehrer, der die Mannschaft der Größe nach antreten ließ. Um die Liebe für die erste Freundin, die mit zwei Katzen im Schlepptau einzog. Und wahrscheinlich erinnern sie sich auch noch an den Wahnsinnsliebeskummer in der Zeit danach. Diese Erinnerungen sind Teil der inneren Bindung. Geschwister können einen aber auch gezielt niedermachen dank ihrer intimen Kenntnisse aller »Spezialitäten«, die jeder in physischer und psychischer Hinsicht entwickelt hat. Auch diese negativen Erfahrungen sind Teil der Beziehung. Diese Erinnerungen und Erfahrungen sind Grundgefühle, die lebenslang anhalten und mehr als Nestwärme und Geborgenheit sind.

Geschwister sind außerdem gut im Mutmachen, weil sie die Stärken des anderen genau kennen. Und Mutmacher werden im stressigen Alltag oft gebraucht. Sie können einander an längst vergangene Erfolgserlebnisse erinnern, wenn der kleine Bruder oder die große Schwester Motivation brauchen: »Du hattest schon als kleines Mädchen ein gutes Ballgefühl und konntest gut werfen, also wirst du auch das Golfspielen lernen!« Oder: »Niemand konnte so gut reden wie du. Die ganze Welt hast du uns erklärt. Deshalb keine Bange, du wirst einen guten Vortrag halten! Ich weiß das!« Die tiefe Vertrautheit zwischen Geschwistern kann sich in einem großen Einfühlungsvermögen zeigen, schließlich kennt man sich seit ewigen Zeiten und vom Scheitel bis zur Sohle mehr als genau.

An der Nasenspitze und am Zucken seiner Augenbraue sieht die 40-jährige Gudrun ihrem Bruder an, was er denkt und fühlt. Sie erzählt: »Ich lese in seinem Gesicht wie in einem aufgeschlagenen Buch, weil ich einfach jedes Stirnrunzeln und Lippenpressen genau kenne. Schließlich saß mir mein Bruder jahrelang morgens, mittags, abends gegenüber, und ich konnte seine Mimik studieren. Ich sah ihm an, wenn er Angst vor der nächsten Mathearbeit hatte. Wenn die Familie ihn langweilte. Wenn er sich auf das nächste Fußballspiel freute. Keinen anderen kenne ich so gut wie ihn – auch nicht meine Eltern, denn die interessierten mich nicht halb so viel. Immer schon war mein Bruder mein Pendant, mein Seelenverwandter, und er ist es bis heute geblieben. Wir verstehen einander ohne Worte«

Als Jakob noch klein war, nuschelte er in einer für Erwachsene unverständlichen Fantasiesprache. Bruder Fabian übersetzte der Menschheit, was Jakob zu sagen hatte. Der ältere Bruder verstand als einziger Jakobs Geschichten. Und wenn Jakob keinen Ton sagte, sondern versonnen vor sich hinguckte, kommentierte Fabian mit großem Respekt: »Er denkt gerade!« Dieses besondere Verständnis gibt es auch heute noch zwischen den beiden längst erwachsenen Brüdern.

Selbst wenn sich Brüder und Schwestern früh aus den Augen verlieren, kann ihre tiefe Bindung Dürrezeiten in ihrer Beziehung überdauern und beim Wiedersehen schnell wieder aufleben.

Er hatte seinen Bruder bestimmt fünf Jahre lang nicht gesehen, weil er im Ausland arbeitete. Der Heimaturlaub fiel immer wieder ins Wasser. Vor ein paar Wochen ist er Rentner geworden und hat nun endlich mehr Zeit, auch Zeit für einen Besuch bei seinem Bruder. Als sich die beiden nach so langer Trennung gestern begegneten, reagierten beide befremdet: Erstaunlich, wie stark sich jeder in der Zwischen-

zeit verändert hatte, schon rein äußerlich. Als der Jüngere plötzlich lauthals über eine Bemerkung des Bruders lachte, grinste der wie befreit und sagte strahlend: »Dieselbe Lache wie immer!« Dieses Lachen erinnerte beide an ihren verstorbenen Vater, der ebenso herzhaft und lauthals lachen konnte und dabei die gleichen fröhlichen, von tausend Lachfältchen umrahmten Augen hatte wie sein jüngerer Sohn. Wie von Zauberhand war damit die alte Vertrautheit wieder angeknipst. Kein Hauch mehr von Fremdheit.

Im Glücksfall fördern sich Geschwister gegenseitig wie ein lang eingespieltes, erprobtes Team. Oft ergänzen sie sich in ihren in den Kinderjahren erlangten Fähigkeiten, und die Vertrautheit zwischen ihnen nimmt damit noch zu. Werden diese nicht als aufgezwungen empfunden, üben sich viele Geschwister auch weiterhin in den gewohnten Rollen: stark und schwach, clever und bedächtig, schüchtern und resolut. Der große Bruder, der schon immer glaubte, für seine kleine Schwester die Kastanien aus dem Feuer holen zu müssen, rückt sofort mit seinem Werkzeugkasten bei seiner längst erwachsen gewordenen Schwester an, um nach dem Umzug die Lampen aufzuhängen und Gardinenstangen einzudübeln. Warum auch nicht? Oder die ältere Schwester, ein begeisterter »Kümmerer«, steht zuverlässig wie immer als Babysitter für die Nichte parat, wenn die jüngere Schwester unerwartet einen beruflichen Termin wahrnehmen muss.

Mitunter werfen Geschwister ihre Kräfte auch zusammen in eine Waagschale und arbeiten sogar beruflich nach der Devise zusammen: »Gemeinsam sind wir doppelt stark!« So haben die Gebrüder Grimm nicht nur viele Schwesterchen- und Brüderchen-Märchen aufgeschrieben und uns damit Leitfäden für Gedankenspiele zum Thema Geschwisterkonkurrenz und Geschwisterrivalität hinterlassen. Darüber hinaus geben sie selbst ein gutes Beispiel in Sachen positiver Geschwisterbeziehung ab, denn die beiden vollbrachten das Kunststück, erfolgreich und harmonisch zusammenzuarbeiten und dazu noch gut miteinander auszukommen. Natürlich wird ihre Beziehung kein reines Zuckerschlecken gewesen sein, aber ein bereicherndes Zusammensein, in dem Konflikte überwunden wurden, ihren gemeinsamen Zielen zuliebe.

Vor allem Zwillinge fühlen sich natürlich eng miteinander verbunden: »Seit Jahrzehnten sind wir getrennt. Meine Zwillingsschwester wohnt in einer Kleinstadt, etwa achtzig Kilometer entfernt von Köln«, erzählt die junge Frau und berichtet: »Wir telefonieren jeden Tag miteinander. Und wenn sich wichtige Dinge tun, auch häufiger. Meine Schwester weiß, was mich beschäftigt, und mir ist umgekehrt klar, was sie umtreibt. Selbst wenn wir nicht miteinander reden, habe ich das Gefühl, sie um mich zu haben – sie begleitet mich wie ein unsichtbarer Schatten. Ich denke sogar manchmal, wir sind eine Art Schutzengel füreinander, jedenfalls in Gedanken. Manchmal werde ich plötzlich innerlich kribbelig, dann rufe ich sie schnell an und frage: ›Alles in Ordnung?‹ Es ist schon vorgekommen, dass sie dann gesagt hat: ›Wieso weißt du, dass ich gerade einen Durchhänger habe?‹ Telepathie? Zauberkräfte? Obwohl wir darüber lachen, glauben wir dennoch ein bisschen daran.«

Selbst wer mit Bruder und Schwester im Clinch liegt und seit Jahren beharrlich den Kontakt verweigert, kann in Gedanken durchaus mit ihnen in einem intensiven Gespräch sein. Eine 25-Jährige, die ihren älteren Bruder nur noch als »beleidigte Leberwurst« bezeichnet und ihn seit Ewigkeiten nicht mehr trifft, hat in ihren Tagträumen und Gedankenspielen oft mit ihm zu tun:

»Für mich ist und bleibt mein Bruder, obwohl ich zornig auf ihn bin und ihm aus dem Weg gehe, eine moralische Instanz. Wenn ich vor einer schwierigen Entscheidung stehe, frage ich mich: Was würde er jetzt tun? Komisch, dass er diese Rolle in meinem Leben immer noch einnimmt, obwohl ich im Clinch mit ihm liege und nicht auf ihn zugehen mag!«

Draußen weht ein rauer Wind. Familien lösen sich auf. Partnerschaften sind anstrengend geworden, Freunde nicht erreichbar, weil sie abends bis in die Puppen und am Wochenende arbeiten.

Deshalb wird das Leben in der Großfamilie für viele wieder attraktiver. Wunderbar, wenn man seine Geschwister samt Anhang gerne sieht, einigermaßen friedlich und freundschaftlich miteinander klarkommt. In der Küche beim Kochen. Auf dem Sofa beim Fernsehen. Im Kaufhaus beim Einkaufen. Im Gasthaus beim Ratschen … Auch dieses gemeinsame Puzzeln, die kleinen und größeren Vergnügungen festigen die Bindung.

»Natürlich telefonieren wir miteinander, einmal in der Woche so ungefähr. Aber das reicht nicht!«, erzählt ein zerknitterter Graubart und sagt, dass er früher im Urlaub immer gen Süden abgeschwirrt sei. Nichts wichtiger als blaues Meer, blauer Himmel und Sonne satt. Irgendwann hat sich die Sehnsucht gelegt und sich unmerklich eine neue Wertigkeit eingeschlichen. »Wir wollten meine Schwester und ihre Familie häufiger sehen, wurde uns irgendwann bewusst. Die alten Vertrautheiten aus unseren jungen Jahren wieder beim Wandern, Reden und Essen erleben und pflegen. Deshalb machen wir inzwischen einmal im Jahr zusammen Ferien!«, erzählt er zufrieden. »Und allen gemeinsam tut es gut, die alten festen Bande wieder mehr zu spüren!«

Ob die Verbundenheit auch Belastungen aushält, zeigt sich in Notsituationen. Reichen die Verbundenheit und das Vertrauen, um den Bruder mitten in der Nacht aus dem Krankenhaus anzurufen, um mit ihm über die Diagnose zu sprechen, die man gerade verkraften muss und die einem den Schlaf raubt? Oder kann man den Geschwistern anvertrauen, dass man sich – ziemlich dämlich – in ein finanzielles Desaster bugsiert hat und nicht weiß, wie man aus der Falle wieder herauskommen soll? Sie müssen ja keinen Rat geben, keinen Ausweg weisen können. Es tut allein schon gut, wenn sie Verständnis zeigen, mitfühlen, trösten und Nähe zulassen: »Ich bin ja da, so wie damals, wenn du bei Blitz und Donner unter meine Decke gekrabbelt bist, um Sicherheit und Nähe zu tanken!«

Egal, was sie zusammen machen, immer wird allen Beteiligten Verständnis, Vertrauen, Toleranz, Großzügigkeit, Solidarität abverlangt. Wer sich bewährt, der weiß genau: Unsere geschwisterliche Verbundenheit hält alles aus – auch eine ganze Menge Belastungen.

5.3 Streit und Versöhnung

»Kinder, die sich nicht zanken!« Das war die stereotype Antwort unserer Mutter auf unsere Frage nach ihren Weihnachts- oder Geburtstagswünschen, erinnert sich eine 43-Jährige. »Alle Jahre wieder, bis wir die Pubertät hinter uns hatten.«

Kabbeleien, Gezeter, handfeste Kräche – viele Eltern fühlen sich durch die permanente Zankerei im Kinderzimmer an den Rand ihrer Nervenkraft gebracht. Psychologen und Pädagogen dagegen betrachten die Auseinandersetzungen unter Geschwistern, sofern sie nicht in Gewalttätigkeiten ausarten, als etwas durchaus Positives. Beim Streiten lässt sich nämlich eine Menge lernen: wie man Konflikte durchsteht und Frustrationen aushält; wie man nach Lösungen sucht und Kompromisse schließt; wie man seine Position behauptet und sich gegeneinander abgrenzt; wie man Kritik verkraftet und ein Gespür für Gerechtigkeit entwickelt. Lauter Fähigkeiten, die jeder Mensch ein Leben lang braucht.

Kinder sind Meister des Verzeihens und Vergessens. Eben haben sie sich noch wutentbrannt an den Haaren gerissen und stecken im nächsten Moment die Köpfe kichernd in dasselbe Comic-Heft. Ganz anders die Erwachsenen. Erstaunlich viele berichten scheinbar ungerührt von jahrzehntelangen Geschwisterquerelen:

»Mein Bruder hasst mich, seit er auf der Welt ist. Als ich ihm das neulich sagte, hat er mich aus seiner Wohnung geworfen. Da kann man nichts machen.«

»Mit meiner Schwester hatte ich nie etwas zu tun. Jetzt geht es ihr schlecht. Weil ihr Mann gestorben ist, will sie kommen, und ich soll ihr auch noch das Ticket bezahlen!«

Warum bringen die Großen nicht fertig, was die Kleinen so spielerisch schaffen?

Kinder knallen sich spontan an den Kopf, was sie ärgert. Ganz eindeutig und unverblümt. Dann ist es raus, jeder weiß, worum es geht. Anschließend kann man sich neu arrangieren. Den meisten Erwachsenen ist diese Unmittelbarkeit längst abhanden gekommen, abtrainiert oder wegerzogen. Wer Wut und Grimm ohne Hemmung herauslässt, gilt als unkultiviert, unbeherrscht oder jähzornig. Also wird die Verstimmung weggedrückt und übertüncht. Manchmal kann ein Zusammenprall auch so verletzend sein, dass die Beteiligten unfähig sind, ihre Gefühle zu äußern. Nur verschwinden die unguten Empfindungen leider weder auf dem einen noch auf dem anderen Weg. Wie gründlich man den Zorn auch verdrängt haben mag oder ihn in Schach zu halten glaubt – er klumpt sich im Innern zusammen, und es wird immer schwieriger, ihn aufzulösen.

Und sollte ich vergessen haben,
jemanden zu beschimpfen,
dann bitte ich um Verzeihung!

Johannes Brahms

Zwist unter erwachsenen Geschwistern entzündet sich gewöhnlich nicht mehr an Belanglosigkeiten wie früher zu Kinderzeiten, an einem versehentlichen Fußtritt zum Beispiel, einer verschlampten Kassette oder einer weggefutterten Eisration. Und wenn man wegen altersgemäßer Themen aneinandergerät, weil etwa einer dem oder der anderen das Auto zu Schrott gefahren, einen Partner ausgespannt oder geliehenes Geld nicht zurückgezahlt hat, wird kaum ein normaler Mensch mit Zähnen und Klauen auf sein Geschwister losgehen oder in unkontrolliertes Gebrüll ausbrechen.

Bei ihren verbalen Attacken fallen streitende Geschwister allerdings bemerkenswert oft in bewährte Kindheitsmuster zurück. Wie auf Knopfdruck sind die alten Vorwürfe und Anschuldigungen wieder präsent: »Typisch! Du hast schon immer alles kaputt gemacht!« »Dir konnte man noch nie vertrauen!« Was sie sich auch an den Kopf werfen, die Angriffe sind meistens von ausgefeilter Bosheit und von großer Zielsicherheit. Denn in langen Jahren der Gemeinsamkeit haben Geschwister reichlich Gelegenheit, Munition zu sammeln. Jeden Schwachpunkt, jede Empfindlichkeit kennen sie voneinander, und darum ist jeder Hieb ein Treffer.

Fachleute wundern sich keineswegs über solche Rückgriffe auf infantile Strategien. Ihrer Ansicht nach liegen nämlich auch die Ursachen der meisten Kollisionen unter erwachsenen Geschwistern in ihrer gemeinsamen Kindheit. Und fast regelmäßig sind die Eltern maßgeblich an deren Entstehung beteiligt. Mit ihren ständigen Vergleichen, ihren Bewertungen und Etikettierungen – »Das ist unser kleiner Einstein«, »unser Pummelchen«, »unsere Träumsuse« – heizen sie die Rivalität unter ihrem Nachwuchs kräftig an und prägen das Bild ihrer Kinder von sich selbst und den anderen. Häufig wird hier der Grundstein für lebenslange Aggressionen, für Neid- und Minderwertigkeitsgefühle gelegt.

Bis ins Alter wetteifern viele Geschwister um die Zuneigung ihrer Eltern: Wen lieben sie weniger, wen mehr? Warum gerade den oder die? Bin ich immer noch der Sündenbock? Fragen wie diese kulminieren bei zahlreichen Familien in der Eröffnung des elterlichen Testaments. Da werden die Fakten offenbar, es gibt keine Ausflüchte mehr und auch keine Hoffnung auf Änderung der Verhältnisse. Für manche Nachkommen ist dies ein Moment des Triumphes, für andere ein furchtbarer Schlag und oft der Beginn einer erbitterten Feindschaft. Viel mehr als um materielle Werte, meinen Experten, gehe es dabei um verletzte Gefühle.

Nur in den seltensten Fällen sind Eltern Heilige. Es kommt durchaus vor, dass sie gemäß dem Motto »Nach uns die Sintflut« die Aufteilung des Erbes ihren Kindern überlassen, was allzu oft zu Krächen führt. Oder dass sie aus dem Grab subtile Rache für irgendwelche längst vergangenen Unbotmäßigkeiten üben, indem sie ein Haus, ein Schmuckstück, ein Kaffeeservice wohlüberlegt gerade nicht dem vermachen, der es sich sehnlichst gewünscht hat, sondern dessen Bruder oder Schwester. Vielleicht soll auch einem schwarzen Schaf noch einmal definitiv klargemacht werden, wo sein Platz in der Familienhierarchie ist.

Natürlich gibt es Fälle, in denen das elterliche Erbe lebenswichtige Funktion hat, wenn zum Beispiel eines der Kinder dringend auf einen materiellen Zuschuss angewiesen ist. Meistens jedoch kann man sich durchaus die Frage stellen, ob ein Satz Porzellanteller, ein Kasten Silber, eine Münzsammlung oder eine Geldsumme es wirklich wert sind, die Beziehung zu den Geschwistern dafür aufzugeben. Manchmal verstreicht viel Zeit, bis den Beteiligten die falsche Gewichtung klarwird. Marion erging es so:

»Meinen Bruder Joachim habe ich seit 18 Jahren nicht mehr gesehen. Damals starb unsere Mutter, und nach ihrem Tod änderte unser Vater das Testament laufend zu meinen Ungunsten. Ich dachte, dass Joachim dahintersteckte, weil er alles allein einkassieren wollte. Zu ihm gab es kaum Kontakt, weil seine Frau so stutenbissig war. Ein paar Monate bevor er starb, rief mein Vater plötzlich an und wollte eine große Summe von mir borgen. Ich lehnte ab, weil mein Bruder ja alles erben sollte. Danach herrschte Funkstille in der Familie. Nur durch das Kondolenzschreiben eines seiner Angestellten erfuhr ich vom Tod meines Vaters. Von Joachim kam kein Wort darüber, auch nicht über das Begräbnis. Als ich den Termin endlich kannte, war es zu spät. Letzte Woche meldete sich eine Internatsfreundin meines Bruders bei mir, sie war zufällig auf meine Adresse gestoßen und erzählte von

Joachims bevorstehender Scheidung. Seitdem bin ich total aufgewühlt. Unentwegt muss ich darüber nachdenken, ob ich nicht ein falsches Bild von meinem Bruder hatte und die Entfremdung zwischen uns vom Vater ausgegangen ist. Ob er meinen Bruder vielleicht auf seine Seite gebracht hat, um mich abzustrafen, weil ich mein Leben nicht von ihm bestimmen ließ. Vielleicht gibt es ja jetzt eine Chance, mit Joachim wieder ins Reine zu kommen, nachdem seine furchtbare Ehe beendet ist. Das Geld ist mir inzwischen völlig egal.«

Beim Tod der Eltern wird vielen Kindern allmählich klar, dass Geschwister, selbst wenn die Beziehung zu ihnen vielleicht über Jahrzehnte auf Eis gelegen hat, ein wichtiger Bestandteil des eigenen Lebens bleiben. Wie kostbar eine solche Verbindung ist, wird manchen erst durch schmerzhafte Erfahrungen bewusst.

»Mein ›großer‹ Bruder ist vor drei Monaten ganz plötzlich gestorben«, erzählt Gila, 63. »Er lebte in einer anderen Stadt, und wir haben nur sehr losen Kontakt gehalten. Aber jetzt, nachdem es ihn nicht mehr gibt, merke ich auf einmal, wie sehr er mir fehlt. Seit dem Tod unserer Eltern war er so eine Art Rückversicherung, ein Halt im Hintergrund, zu dem ich mich immer hätte flüchten können. Die Trauer um ihn fühlt sich an, als trauerte ich auch um ein Stück von mir selbst.«

Anderen geht noch rechtzeitig auf, dass Geschwister zu haben nicht bloß Schicksal ist, sondern ein Geschenk, das man annehmen und pflegen muss, um seinen Wert zu entdecken. Oft lenkt der Tod der Eltern die Gedanken in diese Richtung – eine Zäsur im Dasein der meisten Menschen und für viele ein Anlass, Bilanz zu ziehen, wie es in der Familienforschung heißt. An der Schwelle zu einem neuen, dem letzten Lebensabschnitt schauen die großen Kinder zurück auf das, was aus jedem Familienmitglied geworden ist, auf gelungene oder schwierige Beziehungen und auch auf die eigene Position im Team. Dabei lassen sich manche durch nichts von ihrer einmal fixierten Meinung abbringen. Egal, wie erfolgreich, beliebt und gebildet eines der Geschwister inzwischen sein mag, es behält sein Etikett aus Kindertagen als »Dummerjan« oder »Zicke«. Genauso bleibt man in Bezug auf sich selbst ein Leben lang der Ansicht, ewig zu kurz gekommen zu sein, egal wie gut es einem geht.

Kaum je ist den Betroffenen klar, wie sehr sie von einer längst verjährten kindlichen Perspektive ferngesteuert werden, einer Sicht, die sie häufig von den Eltern übernommen oder sich aus ihrer kindlichen subjektiven Wahrnehmung zurechtgebastelt haben.

»Ich habe mich mit meiner Schwester ständig in die Wolle gekriegt«, berichtet eine 45-Jährige, »weil ich sie überall als unersättliche Dauer-Flirterin präsentiert habe. Dabei war sie seit Jahren verheiratet und Mutter von zwei Kindern. Ich fand es spaßig, aber sie wollte schließlich nichts mehr von mir wissen. Irgendwann hat mir eine Freundin die Leviten gelesen. Ob ich nicht aufhören könnte mit der Leier, das wäre doch alles schon ewig überholt. Und ob ich nicht endlich erwachsen werden wollte. Ich habe versucht, mich zu verteidigen, allerdings nur schwach, weil mir blitzartig aufging, wie Recht sie hatte. Es ist wirklich kindisch, jemandem wieder und wieder einen Schuh anziehen zu wollen, aus dem er längst herausgewachsen ist.«

Statt sich von Kindheitsmustern zu lösen und den gegenwärtigen Standort der Geschwister realistisch und bewusst zu betrachten, fahren viele lieber weiter auf eingeschliffenen Gleisen. Oft ohne es zu bemerken – und damit auch ohne Aussicht auf Versöhnung. Denn von selbst, nur weil man älter und damit vielleicht milder wird, findet man nicht wieder zueinander.

In den meisten Fällen ist es der Leidensdruck, der eines der Geschwister zu einem Verständigungsversuch motiviert: Trauer um die verlorene Gemeinsamkeit und Sehnsucht, sie wiederherzustellen, vielleicht auch Angst vor der näherrückenden Einsamkeit des Alters, gegen die es keine bessere Abschirmung gibt als die Verbundenheit mit Brüdern und Schwestern.

Den ersten Schritt zu tun fällt fast immer schwer. Schließlich hat man keine Ahnung, wie der andere reagieren wird. Kann er die Annäherung nicht als Eingeständnis von Schuld oder Schwäche auslegen? Einem die kalte Schulter zeigen oder neue Feindseligkeiten nachschieben? Und dann die Kernfrage: Welche Strategie ist am aussichtsreichsten? Soll ich anrufen? Oder schreiben? Einfach an der Tür läuten? Einen Vermittler schicken? Ein Patentrezept kann es nicht geben, denn jeder Geschwisterstreit hat seine eigene Vorgeschichte, und nur die Beteiligten selbst können wissen, was für ihren Fall und ihre Art zu kommunizieren die besten Erfolgschancen bietet.

Bei allen denkbaren Methoden droht die Gefahr, dass man den anderen auf dem falschen Fuß erwischt, dass man in der Aufregung eventuell nicht das richtige Wort wählt oder sich zu einem ungünstigen Zeitpunkt meldet. Manchmal stößt der Versöhnungswillige auch auf so eisernen Widerstand, dass alle Anläufe vergeblich sind. Trotzdem: Der Versuch lohnt sich, denn unter dem Strich geht die Mehrzahl der Geschwister auf das Friedensangebot ein. Für die meisten von ihnen nämlich gewinnen die Vertrauten ihrer Kindertage, mit denen sie Erinnerungen an die gemeinsame Familienvergangenheit austauschen können, in zunehmendem Alter wieder an Wert. Und sie sind, weil sie selbst es nicht schaffen, häufig dankbar, wenn der andere die Initiative ergreift.

Wie soll es weitergehen, nachdem man wieder in Kontakt gekommen ist? Dann, meinen Familientherapeuten, sei Offenheit das Wichtigste.

Damit es nicht bei einem notdürftig zusammengeschusterten Scheinfrieden bleibe, müsse zunächst alles geklärt werden, was sich zwischen den Geschwistern an Trennendem aufgehäuft habe. Die Erfahrung zeigt, dass Spannungen, Enttäuschungen oder Kränkungen oft schon zu schwinden beginnen, wenn jeder die eigenen Empfindungen offen darlegt und dem anderen, statt ihn anzuklagen, Verständnis und Mitgefühl entgegenbringt.

So schade es auch sein mag um die verpasste gemeinsame

Zeit – für manche läuft eine Beziehungspause auf ganz neue geschwisterliche Verbundenheit hinaus.

Marianne erzählt: »Wenn ich mich mit meiner Schwester nicht vor ungefähr zehn Jahren heillos zerstritten hätte, würde unser Verhältnis wahrscheinlich immer noch so oberflächlich dahindümpeln wie früher. Kurz vor meinem 50. Geburtstag spürte ich plötzlich einen ganz verrückten Drang, mit ihr zu reden. Vielleicht ausgelöst durch einen Schwestern-Film, den es im Fernsehen gab. Ich habe sie einfach angerufen und ihr davon erzählt. Und – o Wunder – sie kam schon am nächsten Tag angereist. Wir haben drei Nächte lang geredet, in ganz ungewohnter Weise. Nichts mehr von den alten Vorwürfen und dem ewigen Pikiertsein. Es waren richtige Erwachsenengespräche. Wir konnten die von den Eltern aufgedrückten Stempel wegwischen, uns Freiräume für Korrekturen lassen und sogar über unsere ehemaligen wüsten Kräche lachen. Ich glaube, so nahe wären wir uns ohne die zwischenzeitliche Eiszeit nie gekommen.«

In vielen Geschwister-Geschichten ist ein Perspektivenwechsel der Schlüssel zur Versöhnung. So auch bei Gesa und ihrer Schwester Wiebke, die jahrelang über Kreuz waren. Gesa entschloss sich, ihrer Schwester einen Brief zu schreiben, nachdem sie endlich durchschaut hatte, wo der Grund für ihre Feindschaft lag, und weil sie das »Gerümpel« der negativen Gefühle nicht mehr mit sich herumschleppen wollte.

»Vor zwei Tagen habe ich Mama besucht«, heißt es in Gesas Brief. »Sie hatte Probleme mit ihrer Lampe und brauchte Hilfe. Ich war kaum in ihrer Wohnung, da ging auch schon die Arie los, mit der sie mich seit langem plagt. Es nützt nichts, von anderen Dingen zu reden. Sobald ich auf der Bildfläche erscheine, fängt sie an, von Dir zu schwärmen: wie fabelhaft Dir der neue Haarschnitt steht, und wie sich alle Leute bei Eurem Kinobesuch nach Dir umgedreht haben, weil Du so toll angezogen warst. Dann noch der neue Job. Und erst Deine Kinder! Maxis Eins in Mathe, Lauras Geburtstagsbild, und wie anhänglich die beiden sind …

Glaub mir, ich gönne Dir das alles, aber trotzdem kommt es mir inzwischen hoch, wenn sie wieder mit ihren Lobeshymnen anfängt. Ich habe das Gefühl, dauernd verglichen und für nicht gut genug gehalten zu werden. Und ich habe überhaupt keine Lust, Dich anzurufen, weil ich jede Neuigkeit ja ohnehin schon kenne.

Nach meinem letzten Besuch bei Mama kam mir auf einmal die Idee, dass es Dir vielleicht genauso gehen könnte – in umgekehrter Richtung. Dass Du Dich kaum bei mir meldest und so kurz angebunden bist, weil Du die Nase voll hast von lauter ›Wundergeschichten‹ über mich. Schon bei dem Gedanken an diese Möglichkeit fühlte ich wieder meine alte Zuneigung für Dich, die ich längst abgehakt hatte. Vielleicht sind wir ja beide in eine Falle getappt. Wenn ich Recht habe mit meinem Verdacht, dann melde Dich bitte. Wir brauchen Mama ja nicht zu sagen, dass wir ihre Manöver durchschauen. Wir machen einfach nicht mehr mit und haben uns wieder. Was hältst du davon?«

Wiebke, berichtet Gesa, habe sofort angerufen und von ganz ähnlichen Erfahrungen erzählt. Seitdem amüsierten sie sich über den Enthusiasmus ihrer Mutter, ohne ihn auf die Goldwaage zu legen und auch ohne sie damit zu brüskieren. Ihr neu gewonnenes Zusammengehörigkeitsgefühl gebe ihnen beiden Sicherheit genug.

Manchmal kommt der Anstoß zur Aussöhnung von außen.

Bei Uta, Susanne und Dirk war es Susannes lebensbedrohliche Erkrankung. Als Kinder hatten die drei kaum miteinander zu tun. Zwischen ihnen lag ein Altersunterschied von jeweils vier Jahren, die Älteste und der Jüngste kamen schon früh in verschiedene Internate, während die Mittlere als eine Art »Alibi-Kind« zu Haus blieb. Alles, was die Kinder betraf, hatte die Mutter an ihr Personal delegiert, sodass es auch zu den Eltern nur eine unterkühlte Beziehung gab. Im Laufe der Jahre schlief die Verbindung zwischen den Kindern komplett ein, es gab höchstens noch eine vorgedruckte Weihnachtskarte.

»Das Nicht-Verhältnis zu meinen Geschwistern begann sich erst zu ändern, als unsere Mutter pflegebedürftig wurde«, erzählt Uta, die Älteste. »Unser Vater war da schon länger tot. Ich übernahm die Betreuung. In den letzten Wochen vor ihrem Tod versuchte ich, meine Geschwister dazu anzuregen, mit der Mutter Frieden zu schließen. Sie sind auch beide hingefahren, und ich habe es so arrangiert, dass wir alle drei zusammenkamen, habe gekocht und schön gedeckt. Und da ist uns bewusst geworden, dass wir seit mindestens 25 Jahren nicht mehr an einem Tisch gesessen hatten. Für mich war plötzlich klar: Wir müssen lernen, dass wir zu dritt zusammengehören. Nach einer so langen Auszeit keine einfache Sache. Es folgten gelegentliche Telefonate, zwei oder drei Besuche. Und dann gab es eine dramatische Wendung. Bei meiner Schwester Susanne wurde eine schwere Krankheit festgestellt, mit nur geringen Überlebenschancen. Sie war erst Ende vierzig, und uns kam das wie ein Todesurteil vor. Von da an hat sich alles geändert, vor allem zwischen uns Schwestern. Wenn ich nicht bei ihr sein kann, telefonieren wir täglich. Die Beziehung ist ganz eng, sie redet mit mir über ihre Ängste, über die sie mit ihrem Mann nicht sprechen kann. Meine Schwester weint viel, sie öffnet sich, sie ist jetzt auch sehr körperlich, fasst mich bei den Händen, hakt sich ein und umarmt und küsst mich. Das gab es früher nie zwischen uns. Während der Stunden in der Klinik blicken wir gemeinsam zurück. Wir tüfteln akribisch auseinander, was damals war. Für Susanne ist das besonders wichtig, denn sie und auch unser Bruder haben die Erinnerung vollkommen verdrängt.

Die Situation ist schrecklich, zwingt einen aber auch, wirklich offen miteinander umzugehen. Es hat ja keinen Sinn, sich etwas vorzumachen, wenn man immer denkt, der Tod steht in der anderen Zimmerecke. Wir haben uns aber nicht nur über unsere einsame Kindheit gefunden, sondern auch über das Leben danach. Die Kindheit ist so weit weg. Irgendwann waren wir selbst schuld, wir haben es nicht eher geschafft zu fragen: ›Wo ist eigentlich meine Schwester, und was macht mein Bruder?‹ Letzte Woche kam die

Nachricht, dass Susannes Tumor sich zurückbildet. Vielleicht gibt es ja doch ein gutes Ende. Unsere neue, intensive Beziehung bleibt jedenfalls auch in nicht so bedrohlichen Zeiten bestehen, da bin ich mir ganz sicher.«

Es gibt keine Versöhnungsgeschichte unter erwachsenen Geschwistern, die sich nicht auf den eigenen Entschluss und Willen der Betroffenen zurückführen lässt. Auf ein Wunder zu hoffen, einen glücklichen Zufall oder die heilende Wirkung der Zeit mag zwar bequem sein, ist aber in den allermeisten Fällen zwecklos. Vielleicht fällt es leichter, die Initiative zu ergreifen, wenn man sich eingesteht, dass man seine Geschwister sowieso nicht loswird. Egal, wie heftig und wie lange man mit ihnen in Fehde liegt. Sogar wenn man mit ihnen Schluss gemacht hat, treiben sie sich weiter im Hinterkopf herum.

Da bleibt die Frage, ob es nicht sinnvoller ist, Brüder und Schwestern, wenn sie sich schon nicht abschütteln lassen, mit Wohlwollen zu betrachten, statt weiter Groll gegen sie anzuhäufen.

Der Schwache kann nicht verzeihen. Verzeihen ist eine Eigenschaft des Starken.

Mahatma Gandhi

Konflikte mit den Geschwistern können eine Riesenbelastung sein und rauben manchem den Schlaf. Und was tun, wenn es furchtbar schwerfällt, die Probleme zu beseitigen, die Spannungen zu lösen? Manchmal hilft es, sich auszusprechen, mit Freunden und Vertrauten zu reden oder auch mit einem Experten. Oft helfen ein paar Stunden bei einem Psychotherapeuten, um wieder klarer zu sehen. Plötzlich tut sich ein Ausweg auf, nach dem man vorher vergebens gesucht hat: Welche Erleichterung!

5.4 Was so gut ist an Geschwistern

»Wilde Indianer sind entweder auf Kriegspfad oder rauchen Friedenspfeife – Geschwister jedoch können gleichzeitig beides.« Das behauptete Kurt Tucholsky zutreffend. Besonders gut lässt sich das bei kleinen Kindern beobachten, die manchmal ein Geschwister so heftig umarmen, dass es ans Erwürgen grenzt. Und wenn sie älter werden, bleibt das Prinzip das gleiche: Zuneigung kann urplötzlich in Feindseligkeit umschlagen, Liebe in Hass, Anteilnahme in blanke Wut. Im Verhältnis zu anderen Menschen würde das wahrscheinlich den Schlusspunkt setzen, die Beziehung unter Geschwistern dagegen wird durch solche Ausbrüche vielleicht kurzfristig erschüttert, aber nicht grundsätzlich in Frage gestellt.

»Meine Schwester«, sagt eine Mittvierzigerin, »kommt mir vor wie ein Teil von mir selbst. Sie ist zwei Jahre älter. Als ich 16 war, hatte ich schreckliche Auseinandersetzungen mit den Eltern. In dieser Zeit war sie für mich so etwas wie eine Ich-Verstärkung, mein Not-Ich.«

Trotz aller unvermeidlichen Schwierigkeiten und Konflikte – Geschwister zu haben gehört zum Besten, was einem im Leben passieren kann. In einer Welt, in der es immer weniger Gewissheiten und Fixpunkte gibt, in Zeiten, in denen immer mehr Beziehungen zu Bruch gehen, werden Brüder und Schwestern zu einem unschätzbaren Wert. Sie können Halt geben, wenn rundherum alles ins Wanken gerät, sie können Fluchtpunkt sein und ein Bollwerk gegen Verlorenheit und Einsamkeit.

Wer Geschwister hat, nimmt das oft so selbstverständlich und gedankenlos hin wie die Luft zum Atmen. Schließlich sind und waren sie immer da. Erst wenn man die eigenen »Familienbande« gezielt ins Auge fasst und bei anderen genauer nachforscht, zeigt sich, wie groß und vielfältig der Schatz tatsächlich ist, den man – manchmal nervend und oft wenig pfleglich behandelt – an seiner Seite hat.

Unter Geschwistern, darin sind sich die meisten einig,
– musst du dich nicht verstellen;
– wirst du ohne lange Erklärungen verstanden, denn deine Geschwister kennen dich in- und auswendig;
– kannst du dich fallenlassen, sie tun es auch;
– kannst du intimste Nöte besprechen;
– findest du absolutes Vertrauen und absolute Vertrautheit;
– kannst du dich ausheulen, ohne dein Gesicht zu verlieren;
– kann man ein Team neben den Eltern bilden. Das stärkt den Rücken und hilft bei der Suche nach Freiräumen;
– erwirbst du soziale Fähigkeiten wie Mitgefühl, Verantwortung, Hilfsbereitschaft und Fürsorge, die später das Leben erleichtern;

- verzeiht man sich;
- hat man keine Angst vor der Einsamkeit. Geschwister verlassen dich nicht wie eine Freundin oder ein Partner es tut. Sie sind für die »Ewigkeit«;
- kann man sich über vieles hinweghelfen, was in der Familie schiefläuft, Krisen etwa, Scheidung, sozialer Abstieg, Schulversagen oder Arbeitslosigkeit;
- kann man Lasten teilen, die sich bei zunehmendem Alter der Eltern häufen;
- findest du Zuflucht, wenn sonst nichts mehr geht;
- blickst du auf eine gemeinsame Vergangenheit zurück, auf die gemeinsam erlebte Kindheit und Jugend;
- teilt man mehr Erinnerungen als mit irgendjemand anderem;
- kannst du deine Sichtweise auf die frühen Jahre besprechen und vielleicht revidieren;
- lachst du über die gleichen Dinge;
- fühlst du dich zu Hause wie nirgendwo sonst;
- ist nichts fremd, nichts eklig, nichts verklemmt – Geschwister sind dir nahe wie deine Kinder;
- kannst du unendlich viel über dich selbst erfahren;
- kannst du deine Wut, deinen Ärger rauslassen und gehörst dennoch immer weiter dazu;
- tut man viel füreinander: Vetternwirtschaft könnte auch Geschwisterwirtschaft heißen.

Angesichts dieser Liste, die viele Menschen bestimmt aus eigenen Erfahrungen noch um etliche Punkte erweitern könnten, ist es kein Wunder, dass Geschwister hoch im

Kurs stehen. Vor allem in jüngerer Zeit, seit sie rar werden nämlich, weil immer mehr Menschen entweder gar keinen oder höchstens Einzelnachwuchs bekommen. Wie so oft, wenn etwas knapp wird, beginnt man, es plötzlich als Kostbarkeit zu erkennen. Auch unter denjenigen, die noch im Pulk von Brüdern und Schwestern aufgewachsen und in die Jahre gekommen sind, verstärkt sich neuerdings das Bewusstsein, mit dem geschwisterlichen Anhang gegenüber Einzelkindern einen immensen Vorteil zu haben.

Die Geschwisterforschung hat zwar die meisten der eingefleischten Klischees über Einzelkinder längst zum alten Eisen geräumt, und niemand unterstellt ihnen mehr generell, einsame, sozial inkompetente, verhätschelte, sich selbst überschätzende Egomanen zu sein. Im Gegenteil betont man nun ihre frühe kognitive Entwicklung und ihre schon im Pampers-Alter aufkeimende Kontaktfreudigkeit. Einzelkinder müssen nicht um die Aufmerksamkeit ihre Eltern kämpfen, werden häufig intensiv gefördert und materiell bestens versorgt. Es kann durchaus angenehm sein, im Alleingang durchs Leben zu spazieren, unbehelligt von dem scharfen Wind, den sich Geschwister immer wieder ins Gesicht pusten. Und trotzdem würden viele Einzelkinder gern auf die Vorzüge ihres Status verzichten, wenn sie dafür Gleichaltrige neben sich hätten, mit denen sie als Kleine rund um die Uhr kichern, streiten, wetteifern oder gegen die Erwachsenen aufmucken und als Große die Wärme einer jahrzehntelangen Verbindung genießen könnten.

Oft nehmen Freunde den Platz der vermissten Brüder und Schwestern ein. Einzelkinder, heißt es, schlössen dank ihrer früh trainierten Kontaktfähigkeit besonders intensive Freundschaften. Manche sind durchaus glücklich und zufrieden im Kreis dieser Stellvertreter, andere spüren mit Wehmut dem nach, was den Unterschied zu echten Geschwistern ausmacht. Denn der bleibt, wie sehr man sich den Ersatz auch schönreden mag.

»Meine beste Freundin kenne ich schon seit der Grundschulzeit«, erzählt ein 50-jähriges Einzelkind. »Ich habe oft gedacht, so müsste es sich anfühlen, wenn man eine Schwester hat. Aber dann gab es immer wieder Situationen, in denen mir klar wurde, dass ich mich irrte. Als sie nicht mit in die Ferien fahren durfte, weil ihre Familie auch verreiste, wenn sie nicht zu meinem Geburtstag kam, weil ihre Oma am gleichen Tag Geburtstag hatte, wenn ich allein mit meinen Eltern unterm Weihnachtsbaum saß. Ich habe gelernt, den Unterschied zu akzeptieren. Sie ist wie eine Schwester für mich, aber nicht meine wirkliche Schwester.«

Luise machte ihrer drei Jahre älteren Freundin Helga mit 18 so etwas wie einen Antrag: »Ich habe sie gefragt, ob sie meine Schwester sein wollte. Ich war ganz sicher, dass sie zustimmen würde, weil wir so dick befreundet waren. Aber sie hat nein gesagt, klipp und klar, und mir auch erklärt, warum. Sie hätte schon zwei jüngere Brüder und absolut keine Lust, für noch jemanden die große Schwester zu spielen und in die Pflicht genommen zu werden. Es hat eine Weile gedauert, bis ich begriff, dass sie sich überfordert fühlte mit der Vorstellung, auch noch für mich verantwortlich und zuständig zu sein, so wie man das unter Geschwistern ist. Das liegt jetzt fast 40 Jahre zurück. Sie ist Patentante meines ersten Kindes, ich kann alle wichtigen Dinge mit ihr besprechen, wir sehen uns alle paar Tage, aber die Grenze blieb: Sie ist meine Freundin, mehr nicht.«

Freundschaften, und seien sie noch so alt und innig, haben nie die gleiche Qualität wie ein Geschwisterbund. Was fehlt, ist die selbstverständliche, unverbrüchliche Zusammengehörigkeit, die nicht erklärt werden muss, nichts mit eigener Wahl oder mit Sympathie zu tun hat und auch nicht nach Lust und Laune aufgekündigt werden kann. Für zerstrittene Geschwister ist diese Unauflösbarkeit ein Horrorgedanke, aber vielen anderen gibt sie die wunderbare Gewissheit, bei Brüdern und Schwestern einen sicheren Hafen zu finden, bedingungslos, wann immer man ihn braucht.

Literaturhinweise

Bank, Stephen P., Kahn, Michael D.: Geschwister-Bindung. München, 1994.

Blaschek-Krawczyk, Ulrike (Hg.): Märchen von Brüdern und Schwestern. Frankfurt/M. 1993.

Dunn, Judy, Plomin, Robert: Warum Geschwister so verschieden sind. Stuttgart, 1996.

Frick, Jürg: Ich mag dich – du nervst mich! Geschwister und ihre Bedeutung für das Leben. Bern, 2005.

Jung, Mathias: Geschwister – Liebe, Hass, Annäherung. Lahnstein, 2001.

Kasten, Hartmut: Die Geschwisterbeziehung, Band 1 und 2. Göttingen, 1993.

Kasten, Hartmut: Geschwister – Vorbilder, Rivalen, Vertraute. München, 2003.

König, Karl: Brüder und Schwestern. Geburtenfolge als Schicksal. Göttingen, 2004.

Leman, Kevin: Geschwisterkonstellationen. Die Familie bestimmt ihr Leben. Heidelberg, 2004.

Ley, Katharina: Geschwisterliches. Jenseits der Rivalität. Tübingen, 1995.

Ley, Katharina: Geschwisterbande. Liebe, Haß und Solidarität. Düsseldorf und Zürich, 2001.

Liebich, Daniela: Tauziehen um die Elternliebe. Warum Geschwister miteinander rivalisieren. Freiburg, 2002.

Lüscher, Berit: Die Rolle der Geschwister. Chancen und Risiken ihrer Beziehung. Berlin, 1997.

Petri, Horst: Geschwister – Liebe und Rivalität. Zürich, 1994.

Prekop, Jirina: Erstgeborene. Über eine besondere Geschwisterposition. München, 2000.

Rufo, Marcel: Geschwisterliebe – Geschwisterhass. Die prägendste Beziehung unserer Kindheit. München, 2004.

Schwendemann, Wilhelm, Bock, Ulrike, Otterbach, Maria: Geschwistergeschichten – Geschwisterkonflikte. Horneburg 2004.

Seggelke, Ute K.: Schwestern. Hildesheim, 2002.

Sohni, Hans: Geschwisterbeziehungen in Familien, Gruppen und in der Familientherapie. Göttingen, 2004.

Toman, Walter: Familienkonstellationen. Ihr Einfluß auf den Menschen. München, 1991.

Internet-Quellen:
Das Online-Familienhandbuch
www.familienhandbuch.de

Bundesarbeitsgemeinschaft für Familien-Mediation e.V.
www.bafm-mediation.de

Bundesverband Mediation e.V.
www.bmev.de

Register